명작에 얽힌, 시인들의 일화와 생애

037
다시올산문

명작에 얽힌, 시인들의 일화와 생애

정일남

2020 ⓒ 정일남

[들어 가는 글]

자기 영토를 점유한 시인들

여기에 묶는 글은 문예지에 연재했던 글을 모아 문집을 엮는다. 이 글은 작고 시인의 시론(詩論)이 아닌 일화와 생애를 다룬 글로서 시를 다루기도 했지만 주로 일화와 생애에 국한된다.

이 글은 어떤 틀에 매어 논리에 맞게 쓴 글이 아니고 자유분방하게 썼다. 독자들이 흥미롭게 읽도록 쉽게 썼으며 일화는 사실일 수도 있고 사실이 아닐 수도 있으니 이점을 이해하면서 읽어 주면 좋겠다.

이들 작고 시인들은 우리 문학사에서 자기 영토를 점유한 시인들로 모두 모국어를 사랑했던 사람들이다. 이 글을 읽고 독자들이 얻어가는 즐거움이 있으면 더 바랄 게 없다고 생각한다.

2020년 겨울 정일남 시인

차례

들어가는 글_
자기 영토를 점유한 시인들 _ 5

1부_

한용운 _ 님의 침묵(沈默) _ 10

천상병 _ 귀천 _ 25

박목월 _ 윤사월 _ 40

박인환 _ 세월이 가면 _ 58

조지훈 _ 승무(僧舞) _ 66

이 상 _ 거울 _ 82

이상화 _ 빼앗긴 들에도 봄은 오는가 _ 97

이육사 _ 절정(絶頂) _ 112

한하운 _ 보리피리 _ 130

정지용 _ 향수 _ 148

2부 _

166 _ 못잊어 _ 김소월

175 _ 모란이 피기까지는 _ 김영랑

190 _ 가을의 기도 _ 김현승

204 _ 푸르른 날 _ 서정주

226 _ 해 _ 박두진

242 _ 저녁 눈 _ 박용래

256 _ 그 먼 나라를 알으십니까 _ 신석정

268 _ 별 헤는 밤 _ 윤동주

284 _ 보릿고개 _ 황금찬

298 _ 적군 묘지 앞에서 _ 구 상

정일남 _ 상(賞)에 대하여 _ 314

명작에 얽힌, 시인들의 일화와 생애

한용운	이 상
천상병	이상화
박목월	이육사
박인환	한하운
조지훈	정지용

1부_

한용운

님의 침묵(沈默)

님은 갔습니다. 아아 사랑하는 나의 님은 갔습니다.

푸른 산빛을 깨치고 단풍나무 숲을 향하여 난 작은 길을 걸어서, 차마 떨치고 갔습니다.

황금의 꽃같이 굳고 빛나던 옛 맹세는 차디찬 티끌이 되어서, 한숨의 미풍에 날아갔습니다.

날카로운 첫 키스의 추억은 나의 운명의 지침을 돌려놓고, 뒷걸음쳐서 사라졌습니다.

나는 향기로운 님의 말소리에 귀먹고, 꽃다운 님의 얼굴에 눈멀었습니다.

사랑도 사람의 일이라, 만날 때에 미리 떠날 것을 염려하고 경계하지 아니한 것은 아니지만, 이별은 뜻밖의 일이 되고 놀란 가슴은 새로운 슬픔에 터집니다.

그러나 이별은 쓸데없는 눈물의 원천을 만들고 마는 것은 스스로 사랑을 깨치는 것인 줄 아는 까닭에, 걷잡을 수 없는 슬픔의 힘을 옮겨서 새 희망의 정수박이에 들어부었습니다.

우리는 만날 때에 떠날 것을 염려하는 것과 같이, 떠날 때에 다시 만날 것을 믿습니다.

아아 님은 갔지만은 나는 님을 보내지 아니하였습니다.

제 곡조를 못 이기는 사랑의 노래는 님의 침묵을 휩싸고 돕니다.

이 글은 만해 한용운의 시론(詩論)을 쓰려는 게 아니다.

한용운에 얽힌 일화와 생애를 써보려 한다.

우리가 『님의 침묵』을 높이 사는 것은 님이라는 말 하나에 내포된 의미가 무한하기 때문이다. 만해는 항일 저항정신이 누구보다 강했다. 그러면서도 거친 언어로 반항하지 않았다.

가장 부드럽고 친밀한 님을 택했다. "일제는 물러가라." 그런 시의 구절은 어디에도 보이지 않는다. 님이란 일관된 소재로 시를 썼으며 님이란 사랑하는 사람의 이름이고, 역사적으로 임금을 존칭하는 것으로부터 출발했다.

그 님이 만해 한용운의 님으로 옮겨지면서 개념이 달라졌다고 보아야 한다. 님의 형상화는 님 속에 칼보다 강한 저항정신이 숨겨져 있었다고 보아야 하리라. 만해 한용운의 저항은 비폭력 무저항주의와 일맥상통한다.

이 시가 우리에게 힘과 용기를 주는 것은 슬픈 상황을 희망으로 전환하는 상상과 은유가 흐르고 있기 때문일 것이다.

「굳고 빛나던 맹세」「슬픔의 힘」「희망의 정수박이」「나는 님을 보내지 않았다」이런 시의 구절을 통해서 님이 떠나고 없지만, 님을 기다리면 반드시 오리란 희망은 이 시로 하여금 우리에게 식민지에서 벗어나 해방의 기쁨이 오리란 것을 암묵적으로 일깨워 주는 시의 힘일 것이다.

『님의 침묵』은 만해의 유일한 시집의 표제작이며 만해 자신이 가장 소중히 아꼈던 작품으로 여겨진다. 여기엔 이론이 없을 것이다.

고은 시인이 만해 한용운의 평전을 쓰면서『님의 침묵』을 비판해 불교계에서 심한 반발을 샀던 때가 있었는데『님의 침묵』을 악의적으로 왜곡 비평해 물의를 일으켰던 것이다.

고은 시인은 "『님의 침묵』이 어떤 의미에서는 시가 아니다고, 그것은 하나의 설명문에 지나지 않는다. 그리고 그 설명문조차도 모든 암시의 힘을 믿지 않은 사설 체의 요설(饒舌)로 넘쳐흐르고 있다."라고 단정했다. 이 비판으로 불교계에서는 반발이 심했다.

계간《불교평론》은 2004년 봄호에 이재형 씨의 글에서 "고은 씨는 만해의 불교 정신과 독립운동과 문학세계를 사정없이 짓이기고 만해를 시종일관 편협하고 이기주의적이며 최남선에 대한 콤플렉스에서 벗어나지 못한 인물로 그리고 있다."라고 비판 하기도 했다.

그러니까 고은 시인에게 만해는 처음엔 동경의 대상이었지만, 나중엔 극복의 대상이었다는 것이다. 『님의 침묵』을 시가 아닌 산문 나열에 지나지 않는다고 비판했던 고은 시인은 아이러니하게도 제1회 만해시문학상을 받았고 또한 만해축전 대회장을 지냈는데 문단에서는 모르겠지만, 불교계에선 비판의 파문이 거세게 일었다. 아마도 고은 시인이 만해에 대한 콤플렉스가 있었던 고은 시인의 이 비판에 대해서는 여기서 더 말하지 않기로 한다.

만해 한용운은 충남 홍성에서 한응준(韓應俊)의 둘째 아들로 태어났다. 6세에 통감(通鑑)을 해독하고 7세에 대학(大學)을 독파한 천재였다고 한다. 만해는 14세에 전정숙(全貞淑)과 결혼을 했으나 아기를 낳으려고 진통이 왔을 때 아내가, "여보, 아기를 낳을 것 같으니 시장에 가서 미역을 좀 사 오세요." "알겠소." 만해 한용운은 시장으로 가지 않고 그길로 줄행랑쳐 가출하고 말았다고 한다.

이렇게 매정할 수 있는가. 크게 될 사람은 무언가 달라도 달랐던 것일까. 만해는 정처 없이 걸었다. 굶주림에 지친 만해가 수원에서 하루 묵게 되었는데 하루를 묵으며 앞일을 생각했지만, 아내의 출산에 대해서는 안중에도 없었다.

한양으로 가면 무슨 일이 해결되겠는가. 아무리 생각해도 뾰족한 수가 없는 만해는 오대산으로 가기로 마음을 먹었다.

월정사를 찾아간 만해는 월정사에서 만나야 할 이름난 스님을 찾을 수가 없었다. 이곳은 내가 머물 곳이 아님을 안 만해는 허기와 굶주림을 안고 월정사를 떠났다. 그래서 찾아간 곳이 내설악 백담사였고 백담사 주지 연곡(筵谷) 스님이 따뜻이 맞아주었다. 이때가 1904년 만해 나이 26세였다. 영제(永濟) 스님에 의해 수계를 하니 법명이 용운(龍雲), 법호가 만해(萬海)였다.

만해는 오세암에서 일 년 만에 팔만대장경을 독파하고 만해는 승려의 길로 들어선다. 크게 될 사람은 뭐가 달라도 달랐지만, 한 여성을 매정하게 버린 만해는 본처에게는 씻을 수 없는 죄인이었다.

만해는 백담사에서만 머무는 것이 갑갑했다. 무언가 더 넓은 세상을 보고 싶은 만해는 금강경과 목탁을 담은 걸망 하나를 메고 대륙탐방의 길을 나선다.

원산에서 배를 타고 러시아의 블라디보스토크의 항구에 도착했다. 러시아를 둘러보고 만주를 기행 하는데, 독립군이 만해를 일본군의 첩자로 알고 총을 쏘아 머리에 총상을 입었다. 아찔한 순간 그래도 목숨은 건졌다.

만해는 중국 독립군군관학교도 둘러보고 만주에서 귀국길에 올라 두만강을 건너 함경북도 안변의 석왕사에서 잠시 머물다 한양으로 돌아왔으나 만해는 그냥 안주할 수 없어 다시 세계의 정세를 파악하기 위해 현해탄을 건너 일본으로 갔다. 경도와 동경을 돌며 서구의 문화가 일본을 통해서 들어온다는 것을 알게 되면서 만해는 일본 도교의 조동종(曹洞宗) 대학에서 불교와 서양철학을 청강했다. 이렇게 세계정세를 둘러보면서 장차 자신이 무엇을 해야 하는가를 결정하게 된다.

만해의 둘째 여인은 여연화란 미모의 젊은 여성이었다.

여연화는 속초의 부유한 선주(船主)의 아내였지만 남편이 해난 사고로 사망하자 막대한 재산을 물려받은 미망인이 되었다.

언젠가 여연화는 남편의 기일에 법회(法會)를 열었다. 많은 스님이 법회에 참석했는데 여연화는 다른 스님과는 달리 쌀쌀하고 입을 굳게 다문 만해에게 마음이 쏠렸다고 한다. 또한 만해도 소복한 여연화의 모습에서 한국 고유의 여성미와 그 아름다움에 마음이 끌렸던 모양이다. 이런 연유로 만해와 여연화는 신흥사에서 자주 만나면서 연을 맺게 된다. 만해가 불교대전을 편찬할 때 금전적인 도움을 받은 것으로 전해지며 또한 만해가 서대문 형무소에서 옥살이할 때도 자주 면회를 했다는 설도 있다. 그러나 여연화가 지나치게 가까이하는 것에는 냉정하게 거부했다는 것이다. 독립 운동가며 스님의 체통을 지키기 위해서였을 것이나 만해도 인간이기에 이런 일화가 전해지는 것 같다.

만해는 기미년 3·1 독립선언 때 33인의 한 사람이었다.
천도교에서 16명, 기독교에서 15명 그리고 불교에서 2명이었다. 만해는 독립선언서를 "내가 쓰겠다."고 했으나 이미 최남선이 썼다고 하자 공약 '삼장'을 썼다.
탑골공원에 많은 군중이 모여 독립선언서를 낭독하려고 했으나 장소를 태화관으로 옮긴 33인은 그 자리에서 만해 한용운이 독립선언서를 낭독하고 만해가 대한독립만세를 선창하고 태화관의 주인으로 하여금 총독부에 전화를 걸게 했다. 즉시 일본 경찰이 도착해 33인이 스스로 묶여 서대문형무소로 갔다. 만해는 3년 형을 받았다.

만해는 감옥에서 세 가지의 원칙을 고수했는데,
첫째 변호사를 선임하지 말 것.
둘째 사식을 받지 말 것.
셋째 죽을지언정 보석을 요구하지 말 것. 등인데 만해는 마음속에 늘 커다란 세 개의 원을 그리고 있었다.
첫째, 부처님의 정신
둘째, 중생을 제도하기 위한 잡지 하나를 경영하는 것
셋째 백두산 천지(天地)에 오르는 것이었다.

이리하여 옥고를 치르고 나와 종합교양 잡지《유심(唯心)》을 창간했다.
이《유심》은 백담사의 지원으로 이어져 왔으나 다시 폐간됐다.

또 만해의 본처에서 난 아들 한보국이 어머니를 모시고 살았다. 어느 날 아버지 만해를 찾아갔지만, 만해는 문전박대 했다고 한다. 한보국은 6·25 때 공산주의자가 되어 월북했고 북에서 1남 5녀를 두었는데, 장남은 어려서 죽고 셋째 딸 명심이 2001년 말 북한 잡지《통일신보》에 기고를 하면서 북에 후손이 산다는 게 알려졌다.

만해의 셋째 여인이 충남 보령 출신의 유숙원이다.

유숙원은 진성당 병원의 간호사였는데 만해 나이 55세에 정식 결혼을 했다. 이들의 보금자리 집이 성북동의 '심우장'이다. 백양사의 승려 김벽산이 성북구 성북동 222-1번지 땅 52평을 만해에게 선물했다.

집을 짓는데 건축비가 1,000원인데 만해의 원고료 200원. 유숙원 소지금 200원. 지인들이 모은 돈 100원. 그래도 300원이 부족했지만, 금융조합에서 빌리고 만해가 신문 잡지에 글을 기고하고 갚기로 했다. 이리하여 '심우장'이 지어졌고 좁은 방 한 칸에 대청마루 두 칸과 부엌 한 칸이 심우장의 전부다.

마당 끝에 향나무를 심고 매화와 난을 키웠다.

소나무 한 그루의 가지가 뜰을 덮고 있는 이곳에서 만해의 아내 유숙원은 삯바느질로 어렵게 살았지만, 만해의 지인들을 위해 그녀는 항상 술독을 채워두었다 한다.

또 만해는 총독부 건물이 보기 싫다며 이 집을 북향으로지은 것이 특징이다. 이 '심우장'에서 딸 한영숙(韓英淑)을 낳았지만 만해는 일본통치 하에선 딸을 호적에 올리지도 않았다. 또 만해는 불교개혁을 주장해 <불교유신론>에서 승려들의 결혼을 주장하기도 했다.

하루는 만해가 없을 때 변절한 최린이 찾아와 생활에 보태 쓰라고 딸 영숙에게 백 원을 주고 갔는데 만해가 돌아와 이 사실을 알고 더러운 돈이라며 그 돈을 갖고 최린의 집을 찾아가 문틈으로 넣어주고 왔다는 일화는 유명하다.

또 어느 날 길거리에서 최남선을 만나 최남선이 먼저 인사를 하자 "당신 같은 사람 내 아는 바 없다."고 돌아섰다 한다.

어느 날 소설가 이광수가 '심우장'에 나타났다. 만해는 이광수가 친일작가요 창씨개명을 한 것을 알고 있었기 때문에 이광수에게 인사도 하지 않았다고 한다. 다시는 내 앞에 나타나지 말라고 호통을 치며 냉정하게 돌려보냈다고 한다.

또, 만해는 '심우장' 차디찬 냉방에서 살았다.

"조선 땅덩이가 하나의 감옥이다. 그런데 어찌 불 땐 방에서 편히 산단 말인가." 또한 독립선언서를 쓴 최남선도 친일파로 변절해 중추원 참의란 벼슬을 얻었다는 소문을 듣고는 지인들과 식당에서 밥상을 받은 만해가 밥그릇 가운데 숟가락을 푹 찌르며 말했다.

"이 자리는 최남선의 장례식이오."라고 했다.

만해가 최남선을 어느 날 길에서 또 만났다.

"만해 선생 오랜만에 뵙겠습니다."
"누구시지요?"

만해가 최남선을 빤히 쳐다보았다.

"육당입니다. 최남선을 몰라보겠어요."
"내가 아는 최남선은 벌써 죽었소."

그러고는 뒤돌아보지도 않고 갔다 한다.

'심우장'이란 소를 사람에게 비유해 잃어버린 나를 찾는다는 뜻으로 만해는 '심우장'에서 「흑풍」「박명」「후회」 등의 소설을 써 신문에 연재했다. 단재 신채호 선생의 묘비명도 거기에서 썼다.

3·1운동 민족지도자 중 한 사람이었던 최린(崔麟)이 친일파로 변절했다. 중추원 참의에 올라 총독부 신문《매일신보》사장이 되었고 변절한 자들은 좋은 적산 가옥에서 좋은 음식을 먹고 잘 살았다.

만해는 어느 날 최린의 집을 찾아가 대문 앞에서 곡을 했다.

"아이고오, 아이고오."

집안에 사람들이 몰려나왔다.

"만해가 아니시오? 이게 대체 무슨 일이오?

최린이 당황해서 물었다.

"내 친구 최린이 죽었다고 해서 조문하는 거요."

"아이고오, 아이고오."

만해는 그 이후부터 가장 친했던 친구 최린을 만나지 않았다고 한다.

만해는 『님의 침묵』 시집 말미에 「독자여」란 글에서 다음과 같이 썼다.

> "나는 시인으로 여러분의 앞에 보이는 것을 부끄러워합니다. 여러분이 나의 시를 읽을 때에 나는 슬퍼하고, 스스로 슬퍼할 줄을 압니다. 나는 나의 시를 독자의 자손에게까지 읽히고 싶은 마음은 없습니다. 그때는 나의 시를 읽는 것이 늦은 봄의 꽃 수풀에 앉아서 마른 국화를 비벼 코에 대는 것과 같을지 모르겠습니다.
> 밤은 얼마나 되었는지 모르겠습니다. 새벽종을 기다리면서 붓을 던집니다."
>
> -만해 한용운.

또 만해는

> "님만이 님이 아니라 기른 것은 다 님이다.
> 중생이 석가의 님이라면 철학은 칸트의 님이다
> 장미화의 님이 봄비라면 마치니의 님은 이태리다.

> 님은 내가 사랑할 뿐 아니라 나를 사랑하느니라.
> 연애가 자유라면 님도 자유일 것이다.
> 그러나 너희는 이름 좋은 자유의 알뜰한 구속을 받지 않느냐.
> 너에게도 님이 있느냐, 있다면 님이 아니라 너희 그림자니라.
> 나는 해 저문 벌판에서 돌아가는 길을 잃고 헤매는 어린 양이 기루어서 이 시를 쓴다."
>
> -시집 『님의 침묵』의 서문을 대신한 「군말」이란 서시에서.

이처럼 님에 대한 개념 규정을 명확하게 지적해 두었다. 오늘날 우리들이 대중가요에서 부르는 님이나 사랑과는 그 차원이 다른 님이오 사랑임을 알게 된다.

만해도 인간이었다. 때문에 세 여인을 사랑했다. 님이란 일차적으로 이성간의 님을 말한다. 그러나 만해의 님이 단순히 이성간의 님으로 끝난다면 만해를 그리워하고 존경할 이유가 없다. 왜냐하면 님만이 님이 아니기 때문이다.

석가가 중생을 사랑하는 님. 칸트가 철학을 사랑하는 것. 장미가 봄비를 기다리는 것. 이 모두가 님과의 사랑과 연관되어있다. 내가 사랑해주면 상대적으로 나를 사랑해 주는 사랑. 그리고 구속을 받지 않는 사랑이고 만해가 추구한 사랑은 실체가 없는 무형의 그림자 같은 사랑으로 규정된다. 만해가 시를 쓴 것은 한 마리의 길을 잃은 양(백성)이나 조국 혹은 붓다라는 님으로 그 의미가 확장되는 것으로 보아도 무리가 아닐 것이다. 님으로 출발해 님으로 끝난 만해의 사랑은 조국의 해방과 환희임에 분명하다.

중풍을 앓았던 만해는 1944년 5월 9일. 마당에 내린 눈을 쓸다 쓰러져 입적했다. 일본의 거물 미쓰루(頭山滿) 조차 "조선에 만해 한용운만 한 위인이 없다."라고 했다. 거승 송만공(宋滿空)은 "만해 없는 서울 가서 뭘 해!" 하면서 수덕사에서 다시는 서울에 가지 않겠다고 한다.

1933년에 지은 '심우장'에서 1944년까지 살았던 만해는 66세에 입적한다. 한용운의 주검은 미아리에서 화장되어 망우리 공동묘지에 묻혔다. 후에 유숙원도 만해 옆에 묻혔는데, 대개 부인은 왼쪽에 묻히는 게 보통이나 오른쪽에 묻힌 것이 특이하다고 전해진다.

천상병

귀천

나 하늘로 돌아가리라
새벽빛 와 닿으면 스러지는
이슬 더불어 손에 손잡고

나 하늘로 돌아가리라
노을빛 함께 단둘이서
기슭에서 놀다가 구름 손짓하면은

나 하늘로 돌아가리라
아름다운 이 세상 소풍 끝내는 날
가서 아름다웠다고 말하리라

「귀천」의 시는 1970년 '창작과 비평'에 발표된 시다.

그가 고초를 받고도 세상을 원망하지 않고 자신을 위로하며 험한 세상을 아름답게 본 것을 높이 살 수밖에 없다. 아마 천상병 시인처럼 세상을 낙천적으로 산 사람도 드물 것이다. 그는 나이를 먹으면서도 동심을 잃지 않았다.

아이들을 보면 '요 이쁜 것들'이라 하며 아이들에게서 희망을 보았고 위로를 받았다. 하루에 이천 원만 있으면 더 바랄 게 없어 아이처럼 좋아했다. 그리고 이 세상을 소풍 놀이로 규정하고 누구에게도 구속받지 않는 그런 세계를 원했다.

하늘로 돌아가는 것이 두렵지 않았던 시인. 세상을 생존경쟁으로 보지 않았고 아름다운 소풍으로 보았다. 하늘에 가서 이승이 아름다웠다고 떳떳하게 말할 사람은 천상병 밖에는 없었으리라. 그런 시인이 또 있겠는가. 재물을 탐하는 소유욕이 그에겐 없었고 모든 사람이 그렇게 살지는 못하겠지만 주머니에 뭘 채우려고 하지 않았다. 돈 벌려는 생각이 없었던 사람이다. 물질에 대한 저항. 가장 자유로운 삶을 통해서 순수의 마음으로 돌아가려는 동심(童心)의 세계가 천상병이 추구한 시의 세계라고 해도 좋을 것이다.

　언젠가는 하늘로 돌아가겠다는 다짐은 누구나 죽으면 돌아가는 세계지만, 새벽빛이 닿으면 사라지는 이슬과 손잡고 돌아가려는 이 순수의 마음은 저녁노을과 단둘이 산기슭에서 놀다 구름이 오라고 손짓하면 망설임 없이 기꺼이 하늘로 돌아가겠다는 낙천적인 마음이 천상병의 본심이었다.

　고난과 빈곤의 고초를 겪으며 살았지만 불만을 이야기하지 않고 이승을 아이들의 놀이터로 여겼던 시인. 하늘에 가서 자신의 본심을 말하겠다는 다짐은 이 풍진세상을 부정의 눈으로 보지 않았기 때문이다. 물질 만능의 시대를 살면서도 수면에 배를 대는 물잠자리같이 윗자리는 아예 쳐다보지도 않았고 호텔 음식점이나 고급 식당은 아예 인연이 없었던 사람이었다. 땅에 발을 딛고 살았지만, 그의 염원은 하늘로 돌아가는 것을 두려워하지 않았던 시인. 이 땅에 살았던 많은 시인 중에 물질 욕과는 거리 간 먼 시인이라 마할 수 있다. 「귀천」에서 우리가 느끼는 것은 그의 시가 수사와 기교와 현학에 치우치지 않고 꾸밈이 없으며 독자에게 와 닿는 시의 전달이 진정성을 바탕에 깔고 있기 때문이 아닌가 생각한다.

「귀천」은 천상병을 대표하는 시이다.

그가 살았던 영토에 대한 애착의 구현이라 할 수 있다. 천상병의 시 소재에서 가장 빈번하게 등장하는 게 가난에 대한 것이다. 일정한 직장도 없이 떠돈 생활은 가난을 피할 길이 없어 가난을 자연스럽게 받아들인 것이다. 그는 심지어 '가난은 나의 직업'이라고까지 노래했다. 그러나 여기서 중요한 것은 그가 가난에 시달렸어도 불만이나 어떤 원한을 품고 살지 않았다는 것이다. 오히려 가난을 즐겼고 가난을 받아들인 것에 감동을 한다.

가난의 고통에서 이겨내는 힘을 얻고 삶을 받아들인 시인. 이런 정신이 그의 인생관이요 시의 지향성이 되었다고 보아야 하리라.

1994년 12월 17일 성탄절 특집으로 선정한 KBS 1TV <인간극장>에서 천상병 시인의 생을 다룬 2부작 「귀천」을 24일 밤 9시 40분부터 방영했다. 천진무구하게 어린이의 마음으로 살았던 그의 시 세계와 일상의 상식적인 틀을 벗어난 숱한 기행으로 문단과 독자들로부터 사랑받았던 일화가 그 주제였다.

서울상대 재학 중에 당시 최고의 직장으로 꼽혔던 한국은행 취직을 마다하고 창작의 길로 들어선 천상병. 그는 가난 속에서도 시의 길을 포기하지 않았던 일상을 드라마로 다루었다. 뒤에 자세히 얘기하겠지만 동백림사건에 연루된 혐의로 체포되어 받은 고초. 고문으로 정신 황폐 증을 앓으며 피폐한 천상병 시인의 순수한 삶을 다루었다.

「귀천」의 극본은 김정이고 연출은 엄기백. 천상병과 우정을 나눈 걸레 중광 스님, 사극작가 신봉승 등 주변 인물들의 증언이 나온다. 한명회의 역으로 유명한 연극배우 정진이 천상병역을 맡았고 탤런트 김자옥이 아내 목순옥 역을 맡았던 드라마였다. 이로 인해 시「귀천」이 세상에 널리 알려졌다.

천상병은 1930년 1월 29일 일본의 효고현(兵庫縣) 히메시지(嬉路市)에서 아버지 천두용과 어머니 김일선의 2남 2녀 중 차남으로 출생했으며 15세 때 8·15 광복으로 귀국해 마산에 정착했다.

1949년 마산중학 5학년 때《竹筍》11집에 시「공상」외 1

편을 추천받고 1952년 유치환의 추천으로 《文藝》에 「강물」이 추천되고 시 「갈매기」를 모윤숙의 추천을 받고 문단에 데뷔했다. 마산중학 때 국어 선생이었던 김춘수와 운명적인 만남이 있었다.

1955년 서울대학 상대 4년을 중퇴하고 6·25 전쟁 때 미군 통역관으로 근무하기도 했다. 대학 중퇴 후 외국 서적을 번역하고 5·16 군사 쿠데타에 가담한 김현옥 부산시장 공보비서로 2년 근무하기도 한 천상병은 시와 평론을 발표했다.

당시 「나는 거부하면서 저항할 것이다.」란 문예비평을 써서 천상병은 문단의 주목을 받기도 했다.

천상병의 운명적인 악재인 1967년 7월 동베를린 공작단 사건에 연루되어 6개월간 옥고를 치르고 고문을 당했다.

이 사건의 발단은 서울대학 동문이자 친한 친구였던 강빈구(姜濱口)를 자주 만나 강빈구가 독일 유학 중에 동독을 방문했다는 얘기를 들었다. 여기서 문제가 된 것은 그 친구로부터 막걸릿값으로 천상병이 '오백 원' 혹은 '천 원씩' 받은 것이 화근이 되었다. 천상병은 강빈구가 간첩 활동을 하고 있었다는 걸 알 리가 없었고 친구로부터 막걸릿값으로 받은 돈이 문제가 되리라고는 생각도 못 했다. 안기부에서 고문을 받고 풀려났으나 후유증으로 정상적인 생활을 할 수 없게 되었다.

1970년 겨울. 천상병은 《현대문학》에 「김관식의 입관」이란 시를 발표한 후에 인사동에서 감쪽같이 사라지고 말았다. 동료 시인들이 수소문해 보았으나 알 길이 없었다.

동료 시인들은 천상병이 죽은 것으로 여기고 1971년 12월, 민영 시인이 주축이 되어 동료 시인들이 유고 시집을 내려고 그의 시 60여 편을 모았으나 출판 비용을 조달할 수 없었다. 그러다 이 사실을 뒤늦게 안 성춘복 시인이 선 듯 나서서 시집을 내었는데, 그게 『새』라는 유고집이었다.

그런데 유고집을 낸 후 어느 날 천상병이 죽지 않고 살아있다는 소식이 전해졌다. 천상병 거리에 쓰러져 있었는데 지나는 사람들이 병든 노숙자로 알고 서울 시립정신병원에 입원시켰던 것이다. 그가 어느 정도 회복이 되었던지 다시 인사동에 나타난 그는 과연 기인다웠다. 동료 시인들이 죽은 시인이 돌아왔다고 반겨주었다.

첫 시집 『새』가 한국 문단에서 유일하게 살아있는 시인의 유고집이 된 것이다.

동료 시인들은 살아온 시인 천상병의 살길을 마련하려고 상의했다. 기억이 둔화하고 정신질환에서 헤매는 그를 도울 방법을 논의하던 중에 천상병 대학 동창인 목순복의 여동생 목순옥이 구세주처럼 천상병을 방문하게 되었다. 그로부터 위로를 받고 정신질환이 차차 호전되어갔다. 목순옥은 천상병 시인의 수호천사가 되었다.

1972년 천상병과 목순옥은 어느 좋은 날에 김동리 소설가의 주례로 정식 혼례를 올렸다. 천상병 나이 43세. 목순옥 나이 36세. 이렇게 되자 동료 문인들은 그의 살길을 논의했고 일이 순조롭게 이루어져 인사동에 <歸天>이란 작은 찻집을 마련해 주었다. 그 찻집의 이름이 천상병의 시 제목이었다. 이 찻집은 예술인 작가 시인 그리고 언론인들의 쉼터가 되었다. 천상병이 인사동에 뿌리를 내린 것이다.

여섯 살짜리 꼬마가 놀고 있다.

> '요놈 요놈 요놈아'라고 했더니
> 대답이
> '아무것도 안 사주면서' 한다.
> 그래서 내가
> '자 가자'
> '사탕 사줄게'라고 해서
> 가게로 가서
>
> 사탕 한 봉지
> 사 줬더니 좋아한다.
>
> 내 미래의 주인을
> 나는 이렇게 좋아한다.
>
> ─「요놈 요놈 요놈아」 전문

 목순옥 여사는 천상병 시인에게 하루 용돈 2천 원을 주머니에 넣어준다. 더는 없다. 언제나 용돈 2천 원이 다였지만 천상병은 불만이 없다. 낮에 점심을 잔치국수 천 원에 사 먹고 막걸리 한 사발에 5백 원을 내어준다. 그래도 주머니에 오백 원이 남아 있다. 이런 생활을 가장 행복한 생활로 여기며 사는 천상병은 세상 부러울 게 없었다.

　천상병은 목순옥 여사와의 사이에 아이가 없었다.
　그런 때문일까. 어린이들 놀이터에 자주 가서 아이들과 같이 노는 것을 좋아했다. '요놈, 요놈들 요 예쁜 것들'이라고 하면 아이들이 뭐 사주지도 않으면서 예쁘다고만 한다고 투덜거렸다. 그래서 가게에 아이들을 데리고 가서 남은 돈 오백 원으로 사탕 한 봉지를 사준다.
　그가 아이가 없으니 그 아이들이 다 내 아이가 되고 장차 나라의 주인이 될 아이라고 추켜 준다. 어쩌면 아이가 없었던 천상병이 안쓰럽기도 하나 그가 아이를 사랑하고 아꼈던 뜻이 이 시에 고스란히 담겨있다. 천상병이 아이들의 동심으로 돌아간 뜻을 알 것 같다.

　안면도에는 천상병의 고택이 있다.
　충청남도 태안군 안면읍 5리 1477-14번지. 대야도 바다 갯벌을 내려다보는 곳이다. 이곳에 천상병이 살던 집이 생긴 것은 사연이 있다.

의정부 수락산 자락에 있던 천상병의 생가가 개발로 철거하게 되자 천상병의 지인들이 뜻을 모아 안면도로 옛집을 옮긴 것이다. 수락산의 옛집 그대로 초라하게 지은 집이다. 마당엔 뚜껑 없는 장독대 여럿이 형체만 자리를 잡았다. 겨우 열 평 남짓한 시멘트로 바른 집에 슬레이트 지붕을 올렸다. 주방도 없이 연탄 화덕 있을 뿐이다. 방 하나는 시인이 살던 공간 그대로 작은 책장 하나. 앉은뱅이책상 하나가 전부다.

생전에 시인과 아내 그리고 장모와 처제도 함께 살았던 집이 상상된다. 가난하고 외롭게 살았던 그의 방안에 소박하고 해맑게 웃는 시인의 사진이 방문자들을 위로해 준다고나 할까 하지만 이곳이 관광지가 될 줄이야 누가 알았겠는가. 주변에 숙박 시설이 있어 천상병을 좋아하던 독자들이 찾아와 시 낭송도 하고 전시회도 연다.

몇 년 전에 안면도에 갔다. 고택 주변은 소나무로 둘러있다. 그 소나무가 해풍에 솔바람 소리를 내면 마음에 찌든 미세먼지가 씻겨내려 정신이 맑아진다. 그 향기가 시인의 향기인 양 퍼지면 멀리 천수만이 보인다. 지금은 하늘에서만 돌아다니는 시인.

여기 당신의 고택이 마련되어 있으니 이따금 이곳으로 소풍이나 왔으면 하는 간절한 마음이 있었다.

안면도의 이 따뜻한 공간이 오래오래 있어 시인을 그리는 여행객이 쉬어가면 초라한 생가가 외롭지 않을 것 같다. 소나무의 향기가 방안까지 스며드는, 절개와 지조를 상징하는 소나무 소나무가 풍기는 산소를 마시니 한결 정신이 맑아진다. 오래 서서 한 시인의 욕심 없는 생애를 떠올려 보았다.

천상병의 산문 일부를 올려본다.

> '재작년부터 나는 아내에게서 매일 2천 원씩 용돈을 타 쓴다. 이것을 매일 슈퍼에서 맥주 한 병, 아이스크림 하나 사 먹고 토큰 서너 개와 담배를 산다. 그리고 어떤 때는 돈이 남아 지금은 통장에 1백만 원 가까이 들어있다. 이 돈으로 장모 돌아가면 장례비 30만 원 정도를 떼어낼 요량이고 나를 따라다니는 막내 조카딸 결혼 선물을 사주리라…'
> - 산문 「들꽃처럼 산 耳順의 어린 왕자」 中에서

다음은 천상병의 논문 일부를 올린다.

'역사연구자는 말해준다. 새로운 지배자는 쓰러져 간 전 지배자의 아들이란 것을. 청년은 그의 육친을 살해하였고 그의 육친은 아들의 손으로 학살됐던 것이다. 그리하여 이 새로운 지배자는 수십 년 후에 제 아들이 장성하여 도전해 와서 결국 그를 죽이고 말 때까지 살아있는 것이다. 대체 발전이란 무엇인가. 발전이란 이 언어 하나가 이와 같은 잔인한 행위의 수천 년간의 결말에서 구상되었다고 한다면 역사라고 부르는 한 개의 총체적인 개념을 구축하기 위하여 저지른 인류의 처참한 잔인행위에 관하여 우리는 무관심할 수 있을까. 역사는 바로 이러한 잔인한 행위의 연속이다. 말하자면 제너레이션 교체다. 제너레이션 교체가 때로는 육친 살육을, 때로는 파멸과 파괴를, 때로는 최악의 악덕을 피할 수 없었다는 것을 제너레이션 교체의 엄숙성을 말하는 것이다…'

- 「나는 거부하고 반항할 것이다」 1953년 《文藝》 신년 호.

천상병은 시인이며 동시에 평론가였다.

천상병은 그의 시에서 죽음이란 단어를 찾을 수 없다. 그러나 위의 글을 보면 역사는 지배자와 피지배자의 싸움이며 죽음의 연속이 역사의 흐름임을 일깨워준다.

학살은 학살을 낳고 살해는 살해를 낳는 잔인함의 연속이 이어왔다고 주장한다. 이것은 오늘의 시대도 예외 없이 연속하고 있음에 그의 주장에 동조하지 않을 수 없다.

천상병의 시가 동심의 아름다움을 노래해 왔지만, 위의 평론을 보면 그가 현실의 부조리를 얼마나 거부했는지를 알 수 있다.

천상병은 수락산 자락. 노원구 상계동에서「수락산변」「계곡 흐름」의 시를 쓰며 8년을 살았다.

노원구는 수락산 등산 입구에 '천상병 길'과 '천상병 공원'을 조성했다. 공원에는 순진무구한 웃음을 짓는 천상병의 팔에 아이들이 매달린 모습의 동상이 세워져 있고 '귀천정'이란 이름의 정자도 있다. '아름다운 소풍 천상병 산길'이란 시화도 있고 등산로를 따라 천상병의 시를 새긴 목판이 길 양편에 있다.

의정부에서는 해마다 4월 22일부터 30일까지 '천상병 문학제'를 연다. 22일 서울 인사동을 출발하여 천상병과 목순옥의 찻집을 떠나는 문학여행인 <천상묘제>를 시작으로 9일간의 문학제 막이 오르면 수락산을 중심으로 한 의정부 일원에서 <천상병 백일장> <천상병 음악회> <천상병 시낭송회> <천상병 시

문학상〉 수상식 등의 다채로운 행사가 진행된다.

천상병은 1993년 4월 28일 간경변으로 63세에 작고했다.

천상병이 돌아갔을 때 장례식에 조문 온 동료 문인들의 조의금 8백5십만 원이 모아졌다. 그런데 목순옥 여사가 조의금을 봉투에 싸서 다른 곳이 아닌 부엌의 아궁이에 숨겨두었는데, 이게 화근이 되었다. 그걸 모르고 장모가 불을 때어 8백오십만 원 중에 4백만 원은 다 타버리고 나머지는 일부가 타서 한국은행에서 새 돈으로 바꿔주었다.

그러니까 천상병은 타버린 4백만 원을 소풍 가는 길의 노잣돈으로 가져가 하늘나라에서 그가 좋아한 막걸릿값으로 지금도 잘 쓰고 있을 것이다.

박목월

윤사월

송홧가루 날리는
외딴 봉우리

윤사월 해 길다
꾀꼬리 울면

산지기 외딴집
눈먼 처녀사

문설주에 귀 대고
엿듣고 있다

윤달은 4년에 한 번씩 찾아오는 달을 말한다.

음력에서 평년의 12개월보다 1개월을 더 보태진 달인데 윤달은 태음력 역일(曆日)과 계절이 서로 어긋나는 것을 막기 위해서 끼워 넣는 달이다.

그 때문에 4월이지만 시간상 5월에 해당하며 봄이 무르익는 달이다. 송홧가루 날리고 해는 길고 꾀꼬리가 울고 산촌의 외진 곳이 이 시의 무대다.

도시와는 멀리 떨어진 고적한 두메산골 눈먼 처녀와 산지기인 아버지가 등장하고 봄을 노래하는 꾀꼬리가 합세한다. 한국의 산촌이라면 어디든 있을 수 있는 정경이 이 시의 바탕을 이루는 어떤 고적감이 이 시를 감싸고 있으며 바람에 날리는 송홧가루 냄새가 풍기는 분위기지만, 송홧가루는 바람을 타고 천 리를 간다고 했다.

박목월의 초기시인 「윤사월」은 한국민요 가락에 짙은 향토색을 띠며 자연에 대한 관조를 나타낸다. 민요적인 3음보인 7, 5조로 되어있는 것이 특색이라면 특색이다.

이런 면에선 김소월이 추구했던 민요적 가락과 상통한다고 하겠다.

산지기는 산을 감시하는 사람이다.

자신의 산이 아니고 남의 산을 지켜주는 사람. 산불도 감시하고 나무도 감시한다.

그뿐만 아니라 산 주인의 선산이므로 묘지도 돌본다. 가을이면 벌초도 해준다. 그 대가로 산 주인은 산지기에게 산에 딸린 밭에 곡식을 심어 생계를 이어가는 혜택을 준다.

이 시에서 처녀는 봄이 왔지만 봄을 눈으로 확인할 수 없는 눈먼 처녀다. 이런 인물을 등장시켰기 때문에 시의 전체에 흐르는 고적감을 독자는 받아들일 수밖에 없다. 꾀꼬리가 봄을 알리는 소리가 들려온다. 하지만 눈먼 처녀는 꾀꼬리를 볼 수 없다. 소리만 문설주에 귀를 대고 봄이 왔다는 것을 확인할 뿐, 안타까운 심정을 독자들에게 안겨준다.

대체로 박목월의 초기 시가 한국적 산촌의 정경을 묘사하는 정서가 두드러졌다고 하겠다. 「나그네」가 그러하고 「청노루」 또한 그러하며 청노루는 사실 없는 것으로 목월이 만들어낸 말이다. 이렇게 작고 시인들은 아름다운 우리글을 만들어냈다.

"나빌레라"는 조지훈이 만든 말이고, "서리 까마귀"는 정지용이 만든 말이고, "즈려밟고"는 김소월이 만든 말이다. 이처럼 우리의 천재 시인들은 모국어를 창조해 내는 사람들이다.

박목월의 초기 시들은 향토적인 시심을 안고 경상도의 정서를 단조로운 민요적 가락으로 잘 표현했다고 하겠다.

정지용은 박목월을 문단에 추천하면서 다음과 같이 썼다.

"북에는 소월이 있거니와 남에는 목월이가 날 만나다.

소월의 툭툭 불거지는 삭주 구성조는 지금 읽어도 좋더니 목월이 못지않게 아기자기 섬세한 맛이 민요풍에서 시에 발하하기까지 목월의 고심이 더 크다 하겠는데, 소월이 천재적이요 독창적이었던 것이 신경, 감각 묘사까지 미치기에는 너무 민요에 시종하고 말았더니 목월이 요적(謠的) 데생 연습에서 시까지의 컴포지션에는 요가 머뭇거리고 있다. 요적 수사를 충분히 정리하고 나면 목월의 시가 바로 한국시다."라고 박목월을 1939년 《문장》에 추천하면서 추천의 이유를 썼다.

초기 박목월의 시. 「산도화」 「나그네」 「청담」 등의 시가 토속적인 시어를 사용하면서 영혼과 내면의 세계를 천착한 「경상도 가랑잎」 등이 정지용이 말했던 때 묻지 않은 한국시의 전형이 아닌가 한다.

이처럼 초기 시의 율격 시는 대부분 곡이 붙여져 가곡이 되었다. 하지만 초기를 지나서 중기로 오면서 변화가 자연스럽게 이뤄졌다. 말하자면 운율의 정형성을 탈피하면서 서술적인 이미지를 추구하게 된다. 또 현실에 대한 관심을 보이면서 생활 속으로 파고든다. 그래서 시의 주제가 가족과 가정 문제로 확장된다. 그러다가 후기로 넘어오면서 문명 비판과 사회비판으로 확대된다. 토속성을 살리면서 신에 대한 경건한 마음가짐을 부각시키게 된다.

박목월 시인은 본명이 영종(泳鐘)으로 1935년 대구 계성중학을 졸업했다. 학력은 빈약했으나 1953년 홍익대학 조교수, 1961년 한양대학 조교수, 1963년에 교수가 되었으며 대한민국 예술원 회원이 되었고 한국시인협회 회장을 지냈다.
1973년 시전문지인《심상(心象)》의 발행인이 되었다.

박목월 시인은 박정희 전 대통령 시절에 육영수 여사의 초청으로 청와대에서 육영수 여사께 문학 가정교사 역할을 하면서 시(詩)에 대한 강의를 했다. 권력에 가깝게 지냈다고 해서 일각에서는 비판의 소리를 받기도 했지만, 여기서 문단의 애로사항을 듣고 도움을 받아 시 잡지를 낼 수 있었다는 설이 전해오고 있으나 진의는 단정할 수는 없으니 일화로 생각해 주면 좋겠다.

1939년 경주 금융조합에 재직하고 있을 때 《문장》지 9월호에 「길처럼」 「그것은 연륜이다」로 1회 추천을 받았고, 그해 12월 호에 「가을 어스름」과 「연륜」이 3회 추천으로 문단에 정식 등단했다.

또한 1946년 대구 계성중학교 교사 생활을 하기 전에 진주 문인협회가 간행하던 《등불》이란 동인지에 가담해 동인 활동을 잠시 하였다.

박목월이 1939년에 《문장》을 통해 등단하게 되자 그 이듬해 같은 잡지를 통해서 조지훈 또한 등단했으나 이들 두 시인은 서로 안면이 없었다. 조지훈은 영양(英陽)에서 살고 박목월은 경주(慶州)서 살았다.

이 무렵 서로 그리던 조지훈이 1946년 4월에 《상아탑》 5호에 「완화삼(玩花衫)」이란 시를 발표했는데 부제로 "목월에게"를 달았다. 목월에게 보내는 시였는데, 그 시는 다음과 같다.

차운 산 바위 우에 하늘은 멀어
산새가 구슬피 울음 운다
구름 흘러가는 물길은 칠백 리

나그네 긴 소매 꽃잎에 젖어
술 익는 강마을의 저녁노을이여
이 밤 자면 저 마을에 꽃은 지리라

다정하고 한 많음도 병인양하여
달빛 아래 고요히 흔들리며 가노니…

위의 조지훈 시에 박목월이 답 시로 쓴 것이「나그네」다.

나그네는 청록집(靑鹿集)에 수록되어있으며, 1941년 지훈은 서울로 돌아왔으나 지훈은 목월이 어떻게 지내는지 몹시 궁금했다. 이듬해 봄에 지훈은 옛적 잡지에 실린 주소를 보고 목월에게 편지를 써서 보냈다. 내용은 어떻게 지내는지 궁금하다. 한 번 만나고 싶다는 내용이었다.

그 후 얼마 지나서 목월로부터 답장이 왔다. 내용은 "경주박물관에는 지금 노란 산수유꽃이 한창입니다. 늘 외롭게 가서 보곤 하던 싸늘한 옥적(玉笛)을 마음속 임과 함께 볼 수 있는 감격을 지금부터 기다리겠습니다." 그런 글이었다.

지훈은 생전 처음 경주 구경도 하고, 만나고 싶었던 목월을 볼 수 있다는 생각에 가슴이 두근거렸다고 했다.

1942년 봄날 해질 때의 건천역. 봄비가 촉촉이 내렸다.

목월은 종이에 박목월이라 이름을 써 들고 기차가 도착하기를 기다렸다. 사람들이 다 내린 맨 뒤에 천천히 내린 사내, 키가 훤칠한 사내 신사. 그가 조지훈이었다. 목월은 자기 이름을 적은 종이를 흔들었다. 이들 둘은 만나자 서로 얼싸안았다.

목월의 나이 26세. 지훈은 22세. 서로 경주박물관을 관람하며 경주의 유적지를 함께 돌면서 회포를 풀었다고 전해진다.

> 강나루 건너서 밀밭 길을
> 구름에 달 가듯이 가는 나그네
> 길은 외줄기 남도 삼백 리
> 술 익는 마을마다 타는 저녁놀
> 구름에 달 가듯이 가는 나그네
>
> - 「나그네」 '청록집'에 수록된 작품

위의 시는 조지훈의 '완화삼'에 대한 답 시로 쓴 시다.

이 시도 역시 부제로 "지훈에게"로 되어있는데 이 시도 민요적 가락에 짙은 향토색을 가미했다.

소월의 초기 시와 같이 7·5조의 가락이 우리 고유의 정서와 자연에 대한 관조를 나타냈다. 여기 등장하는 나그네는 어쩌면 일제강점기의 민족이 방황하던 설움을 나그네란 이름으로 표현한 것으로 여겨진다. 비단 남도 삼백 리만이 아니고 고향을 등지고 떠돌던 생활이 술이 익는 마을과 저녁노을을 두고 타지에서 헤맬 수밖에 없었던 나그네 생활을 떠올리게 한다.

박목월 시의 특색은 전자에서도 말했지만, 정지용이 말한 김소월의 삭주 구성조도 좋았지만, 박목월이 소월 못지않게 아기자기하고 섬세한 맛이 민요풍으로 익어 좋다고 했다. 그 때문에 목월을 말할 때 민요 가락에 향토색 서정을 노래한 "산도화"의 세계, 토속적 경상도 시어를 구사하면서 북에는 소월, 남에는 목월이란 대명사를 얻었다. 초기 시의 정형과 율조에서 오는 음악적인 효과가 성공적이었다. 시각과 청각이 조화된 선명한 이미지에서 그의 시풍을 볼 수 있지만, 초기의 단계를 건너서 변화가 온다. 운율의 정형성을 벗어나 서술적인 시로 넘어간다.

자연의 추구에서 현실을 추구하는 변화는 가정적인 곳에 관심을 보이고 인간 삶을 노래하는 시를 쓰게 된다. 그런 변화는 다시 후기로 넘어가면서 문명 비판에까지 이른다. 그러나 토속적 방언을 버리지 않고 살려 나간다. 또한 신에 대한 경건한 자세를 보이며 시의 영역이 다양하게 전개된다.

조지훈과 가장 가깝게 지냈던 박목월이었지만, 조지훈은 보수주의에 바탕을 둔 시인으로 지조를 굳게 지켰던 시인이며 지사적인 풍모를 지녔고 박두진은 기독교적 사상의 시인이며 이상주의자였던 두진은 후에 사회적 불의에 반기를 들기도 했다. 이들 세 시인이 만든 『청록집』을 일컬어 청록파 시인이라고 부른다.

여기에 재미난 일화가 있다.

소설가 황순원의 아들이 황동규고 박목월의 아들이 박동규다. 독자들이 아는 바와 같이 황동규는 시인이고 박동규는 문학평론가다. 이 두 사람의 이름이 같은 데에는 그럴만한 사연이 있다.

소설가 황순원과 시인 박목월은 생전에 절친한 친구였다. 그들은 어느 날 만나서 앞으로 결혼해 자식을 낳으면 자식의 이름을 같게 짓자고 약속을 했다고 한다. 그 약속에 따라서 같은 이름을 짓게 되었다는 일화가 전해지고 있다. 일화치고는 오래 기억해 둘 만한 이야기다.

여기에 또 다른 일화가 있다.
경남 고성의 남산공원에 목월의 "나그네" 시비가 세워진 이유에 대해 써보려 한다.
박목월의 시비가 고성에 왜 세워졌는가.
박목월은 경주 출생인데 고성에 시비가 세워진 것에 의아해 할 것이다.
고성 사람 중 나이 먹은 사람들은 목월이 고성에서 태어났다고 일러준다. 목월은 "청록집"의 시인 소개란에 태어난 곳이 경남 고성이라고 기재했다. 목월은 자신이 태어난 곳이 경주가 아니고 떳떳하게 고성이라고 밝혔다.

목월은 그가 태어난 곳을 솔직히 밝힌 것이다.

목월은 1916년 1월 6일 경주 서면 묘량리에서 태어나지 않고 그의 출생지를 굳이 경남 고성이라고 밝혀놓은 것은 어떤 피치 못 할 사정이 있었던 것이다. 그렇다. 거기에는 고성 사람들이 오래전부터 전해오는 목월의 출생에 대한 아픈 사연이 있었다고 한다.

일본강점기에 목월의 부친이 당시 측량 기사를 하던 일본인을 도와서 측량사 보조의 일을 하기 위해 경남 고성에 머물고 있었다 한다. 객지 생활을 하다 보면 가는 곳이 술집이고 여자를 사귀게 된다.

이 무렵 목월의 부친이 어떤 덕스러운 여인과 인연을 맺게 되었고 정이 들어 아기를 갖게 된 것이 목월이라고 한다. 목월이 고성에서 태어난 것은 고성 사람들의 공공연한 비밀이라 한다.

목월이 네 살 정도 되었을 때 부친이 생모와 헤어지고 목월을 데리고 경주로 돌아온 것이다. 목월이 자신을 낳아준 생모에 대한 그리움과 한 번 생모를 만나고 싶었던 그리움이 간절했으리라. 생모 또한 그렇지 않았으랴. "나그네"의 시비가 고성 남산

공원에 세워진 이유를 독자들은 이제 알 것이다.

목월의 아들인 문학평론가 박동규는 아버지 목월을 다음과 같이 말한다.

"할아버지의 장례를 지내고 올라오는 기차 안에서 아버지는 「나그네」라는 시를 지을 때에 느꼈던 심정의 한 가닥을 말씀해 주셨다.

아버님은 "나그네"를 《문장》지에 발표하기 전해에 경주의 은행에 다니셨다고 한다. 내가 1939년생이니까 내가 태어나기 한해 전이었던가 보다. 그때 아버님은 할아버지께서 이공학을 전공하라고 강요하시는 것을 뿌리치고 일본에 유학하고자 은행에 다니고 계셨다. 그러던 어느 날 은행에서 고객에게 10만 원을 인출해 주어야 하는 것을 100만 원을 인출해주었다 한다. 그 바람에 목월은 3년 동안 은행 월급의 3분의 2를 은행에 갚아야 하는 처지가 되었다 한다. 이 때문에 목월은 3십 리 길을 걸어서 출퇴근하게 되었고 이런 일로 생활에 어려움을 겪었던 목월이었다. 모아둔 돈이 없었고 월급에서 공제할 수밖에 없었는데 할아버지는 문학을 하는 아들이라 도움도 주지 않아 생활이 궁핍하기 짝이 없었다고 한다.

　어느 여름날 아버지는 은행 업무를 끝내고 황혼이 물들 무렵 30리 길을 걸어서 퇴근하고 있었다. 여름이라 벼가 한창 자라는 논길을 걸어오자니 논두렁을 덮은 미끈거리는 흙 위에 발자국이 남는 것을 보게 되었다. 분명히 운동화. 일본강점기 때 지까다비라고 하던 것을 신었지만 그것은 발등만 덮을 뿐 밑창이 다 닳아서 발 무늬가 그대로 진흙 위에 남아 있었다.
　발바닥이 찍혀진 진흙을 보면서 발끝의 가느다란 선은 인간이 가고 싶어 하는 마음이 멀리 하늘에 붉게 타는 저녁노을 같았다고, 동경과 그리움이 저편으로 나타나 보였다는 것이다.
　나그네의 마음은 땅에 발을 딛고 살지만 인간의 비세속적 세계에 대한 염원이 될 수 있다고 본 것이다. 나는 아버지의 이 창작 동기를 들으면서 가난해서 마음대로 할 수 없었던 젊은 시인의 심정으로 느끼고 그것이 승화되어 시가 되는 것으로 생각하게 되었다."

　또 박동규는 이상과 같이 회상한다.

그는 인간의 생명이 지닌 의미는 언제나 살아있다고 했다.

설날이 가까워지면 차표를 예매하라는 방송이 나왔다. 차표를 미리 사서 설날이면 고향으로 갔다. 박동규는 아버지의 손을 잡고 할머니와 삼촌이 계시는 경주로 갔다고 회상한다.

1952년 목월은 독자와의 만남에 나갔다. 거기서 어느 자매를 만났는데 언니가 목월을 좋아한다고 했다. 그런데 이게 웬일인가 언니가 먼저 결혼을 하고 2년 후에 서울에서 모 대학교 국문과 학생이 된 동생이 목월을 따라다니게 되었다 한다.

목월의 나이 38세. 목월은 처자식이 있고 대학교수란 직에 있었다. 목월과 가까운 시인이 그녀를 불러서 설득했지만 먹혀들지 않았다.

"선생님, 사람이 사람을 사랑하는 것은 죄가 아니겠지요."
그녀를 달랬지만 그 시인은 오히려 그녀에게 설득을 당하고 말았다. "저는 박 선생을 사랑할 뿐 그 이상은 바라지 않습니다. 이런 사랑은 누구도 막을 수 없다고 생각합니다."

그해 가을 목월은 그 여대생과 제주에서 방을 얻어 동거생활에 들어갔다. 넉 달 후에 목월의 부인 유익순 여사가 제주도로 찾아갔는데, 싸움이 벌어질 줄 알았으나 유익순 여사는 겨울 내복과 생활비가 든 봉투를 건네고 조용히 돌아왔다는 얘기다. 그 후에 여대생의 아버지가 자기 딸을 설득했고 여대생이 제주도를 떠나면서 그들의 사랑은 끝났다고 한다. 이때의 사랑 이야기를 쓴 목월의 시 「이별의 노래」는 목월의 친구였던 작곡가 김성태가 작곡해 유명한 가곡이 되었다.

이 사랑의 일화는 사실인지는 모르겠으나 오래 남는 속설로 유명하다. 목월의 부인이 이런 아량을 베푼 것이 사실이라면 그녀는 보살이라고 해야 옳을 것이다.

대체로 시인의 아내들은 관대한 편이었고 연인과의 사랑이 명작을 남긴 경우가 많았다.

목월의 생가는 건천읍 모량리에 있다.
초등학교 4학년을 다녔고 「청노루」와 「윤사월」의 배경이 된 모량리의 옛집은 1980년대까지 남아있었으나 세월이 흘러 옛집이 헐리고 그 자리에 새로 안채와 사랑채, 디딜방앗간이 있는 생가를 복원했다.

또 경주 토함산에서 하산하는 길목에는 문학적 동지인 목월과 동리의 이름을 딴 문학관이 있다. 김동리는 목월보다 세 살 위인 1913년생으로 김동리는 대구 계성학교 2년까지 다니다 서울의 경신학교로 전학했고 목월의 중학교 선배가 된다.

두 사람이 만난 것은 서울 경신학교에 다니던 동리가 휴학을 하고 경주로 내려와 있던 1934년의 겨울방학 때 동리의 소설 「화랑의 후예」가 《조선중앙일보》 신춘문예에 당선된 그해다.

목월과 동리는 서로의 외로움을 달래주는 상대였다.

목월은 슬하에 다섯 자매를 두었다. 목월이 영감을 얻어 시를 창작할 때 행여 방해가 될까 해서 아내가 아기를 업고 집 밖으로 나가 눈을 맞으면서 몇 시간씩 추위에 떨며 서성거렸다는 일화도 잊을 수 없는 이야기다. 이렇듯 시인들의 아내는 바가지를 긁지 않고 남편이 글을 쓰도록 배려했다니 그 심성이 보살일 수밖에 없겠다.

미당 서정주가 나를 키운 건 팔 할이 바람이라 했고 그가 바람으로 떠돌며 살았다면, 목월은 본전(本錢)의 시를 썼고 본전의 삶을 살았다고 할 수 있다.

본전으로 팔아야 가장 많은 이문을 남길 수 있다고 생각한 삶이 목월의 삶이었다.

또 본전을 건지지 못해도 실망하지 않았던 시인 박목월은 1978년 3월 24일 향년 63세 고혈압으로 돌아갔다.

박인환

세월이 가면

지금 그 사람의 이름은 잊었지만
그 눈동자 그 입술은 내 가슴에 있네

바람이 불고 비가 올 때도
나는 저 유리창 밖 가로등
그늘의 밤을 잊지 못하지

사랑은 가도 옛날은 남는 것
여름날의 호숫가 가을의 공원
그 벤치 위에 나뭇잎은 떨어지고
나뭇잎은 흙이 되고
나뭇잎에 덮여서 우리들 사랑이 사라진다 해도

지금 그 사람 이름은 잊었지만
그 눈동자 그 입술은 내 가슴에 있네

내 서늘한 가슴에 있네

이 글은 어디까지나 일화일 뿐, 사실과는 다를 수도 있다.

일화(逸話)란 전해져 내려오는 흥미로운 이야기를 말하지만 그 이야기가 사실일 수도 있고 혹은 신빙성이 떨어질 수도 있다는 것이다. 그래서 일화는 우리가 믿어도 되고 믿지 않을 수도 있다. 그 때문에 일화는 많은 설이 존재하므로 이런 면에서 오해가 없었으면 한다.

「해가 산마루에 저물어도」의 일화도 오해가 없기를 바라는 뜻에서 조영암(趙靈巖) 시인의 「소월의 밀어」에서 옮겨온 것임을 밝힌다. 조영암 시인의 글을 전적으로 받아들일 수는 없기에 근거를 밝히는 것이 도리라 생각한다.

가을이면 생각나는 시인들이 있다.

「국화 옆에서」를 쓴 서정주 시인, 「별 헤는 밤」을 쓴 윤동주 시인, 「가을의 기도」를 쓴 김현승 시인, 그리고 「세월이 가면」을 쓴 박인환 시인을 생각하게 된다.

「목마와 숙녀」도 가을을 노래한 대표 시로 대중의 사랑을 받은 시다.

그러나 여기에서는 「세월이 가면」에 대한 일화를 써볼까 한다.

이 시를 말하려면 명동이 먼저 떠오른다.

그리고 6·25동란으로 폐허가 된 서울을 상상하게 된다. 명동은 예술인들의 집합장소였다. 박인환의 첫애인이 전쟁에서 죽었다. 어느 날 박인환이 망우리 공동묘지로 꽃 한 송이를 들고 가 애인의 무덤 앞에 꽃을 꽂아주고 명동으로 돌아왔다고 한다.

박인환은 실의에 빠져 영화배우 최불암의 어머니가 운영하던 단골 주점 "은성"에 들러 무언가 열심히 종이에 적고 있었는데, 그 옆에 극작가이며 작곡가인 이진섭이 한마디 했다.

"자네 뭘 쓰고 있나.?"

박인환은 아무 대꾸도 하지 않고 계속 쓰기만 했다.

"천재 시인이 시를 쓰나."

박인환이 그때 쓴 시가 죽은 애인을 생각하며 쓴 즉흥시 "세월이 가면"이었다. 이진섭이 그 시를 건네받아서 즉석에서 곡을 붙이고, 영화배우며 대중가수인 나애심이 또한 즉석에서 불러 "세월이 가면"은 노래로 더욱 유명해졌다는 이 시는 전쟁으로 상처받은 박인환이 사별한 첫사랑에 대한 애절한 사연을 적은 것이 노래가 되었는데 대중에겐 사랑받은 시지만, 비평계에선 전혀 언급된바 없었던 시다. 박인환(1926-1956)의 "목마와 숙녀"와 더불어 가장 널리 알려진 애송 시라 하겠다.

박인환은 강원도 인제에서 출생했다. 평양의과전문학교에 입학했으나 8·15광복으로 학업을 중단했다. 1949년에 <후반기> 동인으로 시인 활동을 했으며 서정시와는 다른 서구의 모더니즘을 지향하는 모임을 조직했지만, 실제로 그의 시를 읽어보면 모더니즘적인 요소는 별로 발견되지 않는다. 때문에 김수영은 박인환과 술자리에서 "너의 시는 마치 유행가 가사의 범주에서 벗어나지 못했어."라고 혹평하기도 했다고 전한다.

박인환은 "세월이 가면"이 널리 알려지면서 명동 엘레지, 명동 샹송으로 불리게 되었다. 마치 영화배우 같은 외모를 지녔지만 그가 쓴 "세월이 가면"을 보면 전쟁을 치른 폐허에서 삶의 허무를 느끼는 묘사로 시를 감상적으로 썼을 뿐, 모더니즘적 요소를 찾을 수가 없다. 위의 시는 전쟁으로 인해 헤어지고 만 여인에 대한 애절한 사연을 토로하는 허무의 그림자가 드리워져 있는 시라고 할 수 있다.

이것은 농촌을 배경으로 한 시가 아니고 폐허의 도시에서 가고 없는 사랑을 회상하며 벤치 위에 떨어지는 낙엽을 보면서 삶의 허무를 느끼는 시라 할 수 있다.

1955년을 결산하는 제3회 아시아재단에서 제정한 "자유문학상"에 박인환이 후보에 올랐다고 한다. 박인환은 "박인환 선시집"을 낸 이후기 때문에 자기가 "자유문학상"을 탈것으로 믿고 있었던 것 같다.

상을 타게 되면 상금을 받아 그동안 외상으로 먹은 술값과 친구들 신세 진 것을 갚을 생각까지 하고 있었다 한다. 그래서 누구에게 타협 같은 것을 거부했던 그가 심사위원인 박종화 소설가를 찾아가 인사를 올렸다고 한다. 그러나 투표에서 한 표 차이로 탈락하고 서정주의 『서정주 시선』과 박목월의 『산도화』가 상을 타게 되었다 한다. 박인환은 31세에 심장마비로 돌아갔다.

"명동의 백작"이라 불릴 정도로 외모가 출중했던 그가 1956년 3월 20일 죽은 시인 이상(李箱)을 기린다며 밤낮으로 마신 과음이 죽음의 한 원인이 아닌지 모른다며 지인들은 그가 평소에 좋아했던 "조니 워커"와 "카멜"을 관속에 넣어주었다.

그의 장례식에는 많은 예술인이 모였다. 모윤숙이 박인환의 시를 낭송했고, 조병화가 조시를 낭송하는 가운데 망우리 묘지로 가는 그의 관 뒤에는 많은 조문객과 지인들이 줄을 이었다.

박인환의 시는 김수영의 시와는 판이하다.

그를 따라다닌 염세 사상은 6·25동란 이전에 이미 "죽음의 철학"을 탐독했다는 것이다. 그것이 동란 후에 첫사랑과 사별하면서 심화한 것 같다. 「목마와 숙녀」에서도 확인할 수 있는데 김규동은 「목마와 숙녀」에 대한 다음과 같은 비판의 글을 썼다.

"내용에 있어서나 형상화에 있어서나 공허한 작품이다. 이 시는 내실 없이 요란스러운 언어들만을 나열하는, 올바른 시대 인식의 진통 없이 난해한 시를 쓰고 있는 전후 일군의 시인들 모습을 단적으로 보여주는 예가 된다."고 비판했다.

「세월이 가면」도 같은 부류의 얘기가 되겠지만 박인환이 이런 시를 쓸 때의 심정은 그를 옥죄어 오는 불안과 전후의 폐허에서 안주할 곳이 없었던 심정을 이해해 주어야 할 것이다.

"나는 10년 동안 시를 써왔다. 이 시대는 세계사가 그러한 것과 같이 기묘하게 불안정한 시대다. 이 세상에 태어나 성장해 온 어떠한 시대보다 혼란했으며 정신적으로 고통을 준 것이다.-(중략)

　시를 쓴다는 것은 내가 사회를 살아가는 데 있어서 가장 의지할 수 있는 마지막 것이었다. 나는 지도자도 아니며 정치가도 아닌 것을 잘 알면서도 부조리한 사회와 싸웠다. 나는 우리가 걸어온 길과 갈 길 그리고 우리 자신의 분열된 정신을 우리가 사는 현실 사회에서 어떻게 나타내 보이며 순수한 본능과 체험을 통해 불안과 희망의 두 세계에서 어떠한 것을 써야 하는가를 항상 생각하면서 여기에 실은 작품을 발표하였다."

-시선집 후기에서

　박인환이 서둘러서 『선 시집』을 발행한 것에 세인들은 의문스러워한다. 이상 시인의 추모의 밤을 열었던 일이며 시의 도처에 산재한 죽음의 이미지들, 천재는 일찍 죽을지 모른다는 말, 등을 종합해 볼 때 요절의 심증이 짙어진다. 그러나 이것은 작품을 통해서 추측해보는 일뿐이다.

　강원도 인제군은 박인환 시인을 기리기 위해 88년 인제읍

남북리 아미산 군립공원 내에 높이 5m의 시비를 세웠다. 그러나 95년 국도 44번의 확장공사로 철거되고 98년 6월 20일 현재의 합강정 소공원으로 옮겨졌다.

"관(棺) 뒤에 누가 따라오느냐-
죽어선 모르지만
그래도 누가 올 것이다."

이 말이 그의 마지막 말이 되었다.
한 시인의 작품이 문학성이 강한가 대중성이 강한가를 놓고 담론이 격렬한 이 시점에서 볼 때, 아직도 그의 시가 애송되고 있다면 무덤에서 박인환은 미소 짓고 있을 것이다.

나뭇잎이 떨어지고
나뭇잎은 흙이 되고 나뭇잎에 덮이는…,
사랑의 이 가을 끝에서 말이다.

조지훈

승무(僧舞)

얇은 紗 하이얀 고깔은
고이 접어서 나빌레라.

파르라니 깎은 머리
박사 고깔에 감추오고

두 볼에 흐르는 빛이
정작은 고와서 서러워라.

빈대에 황촛불이 말없이 녹는 밤에
오동잎 잎새마다 달이 지는데
소매는 길어서 하늘은 넓고
돌아설 듯 날아가며 사뿐히 접어 올린 외씨 보선이여

까만 눈동자 살포시 들어
먼 하늘 한 개 별빛에 모두우고

복사꽃 고운 뺨에 아롱질 듯 두 방울이야
세사에 시달려도 번뇌는 별빛이라

휘저어 감기우고 다시 접어 뻗는 손이
깊은 마음속 거룩한 합장인 양 하고

이밤사 귀뚜리도 울어 새는 삼경인데
얇은 사 하이얀 고깔은 고이 접어서 나빌레라

이 글은 조지훈 시인의 '승무'에 얽힌 일화와 조지훈 시인의 생애를 살펴보려는 것이다. 가능하면 독자의 구미에 맞게 쉽게 쓰려 한다. 늘 하는 말이지만 일화는 전해오는 속설일 뿐이다. 이점을 독자들은 오해하지 말았으면 한다.

위의 시 '승무'는 1939년 《문장(文章)》지에 정지용의 추천으로 발표된 등단 작품이다. 이 시는 너무도 섬세한 미의식(美意識)과 불교의 색채를 띤 작품으로 평가받아 왔다. 조지훈의 약 250여 편의 시 중에서 가장 독자가 선호하고 널리 알려진 이 작품은 조지훈 시인의 시의 특징을 가장 잘 드러낸 작품으로 보아도 될 것이다.

'얇은 사 하이얀 고깔은 고이 접어서 나빌레라'라고 시작되는 이 시는 한국의 정적(靜的) 미감과 동적(動的) 미감을 완벽할 정도로 잘 표현했다고 할 수 있다. 승무를 추는 여승의 동작과 그 선의 아름다움을 신비한 정감으로 그렸다.

이 시가 가진 한국적 아름다움의 언어는 누구도 범할 수 없는 전매특허처럼 보인다. 예를 들면 '나빌레라' '파르라니' '접어 올린 외씨 보선' '아롱질 듯' '번뇌는 별빛' 등등의 보석 같은 언어를 캐내기에 얼마나 많은 달과 해가 지나갔는가를 생각하면 시 한 편의 탄생이 오동잎이 지고 귀뚜리가 우는 삼경을 지나 황촛불이 녹아내리는 밤이 수없이 스쳐 간 뒤에 비로소 시가 이뤄졌다는 사실을 실감하게 된다. 시 한 편의 탄생을 흔히 아기의 탄생으로 보지만, 승무의 탄생은 어쩌면 한 우주의 탄생으로 보아도, 과연 그렇다 해도 좋을 것이다.

이 승무 앞에 옷깃을 여미지 않을 사람이 없을 것이다.
과연 우리말의 아름다움이 이런 것이구나 하고 무릎을 치지 않을 수 없게 한다. 이 승무를 외국어로 번역을 한다면 승무가 간직하고 있는 한국어의 아름다움을 표현할 수 있겠는가. 예를 들면 '나빌레라'를 외국어로 어떻게 번역하겠는가. 한국인이 아니면 이 시의 아름다움과 황홀감에 접하지 못할 것이다.

이 시가 써진 시기가 1930년대라고 보면 당시엔 서구 지향적인 문학사조가 유행할 때였다. 이런 환경 속에서 조지훈 시인은 외래 사조에 물들지 않고 한국적 전통을 고수하겠다는 의지를 승무를 통해서 증명하려 했던 것 같다. 한국적인 멋과 전통,

불교적 선(禪)을 끌어내는 예술미를 승무를 통해서 비약한 것이라 말할 수 있겠다.

<청록파> 시인 중에서 조지훈은 불교사상에 심취했다.

그래서 불교적 색채가 강한 승무를 통해서 정중동(靜中動)의 정수가 잘 표현되어있는 예술성이 높은 작품이란 평가를 받아왔다. 남색 치마에 흰 저고리, 흰 장삼에 흰 고깔, 어깨에는 붉은 가사를 입었다. 양손에 북채를 들었다. 얼굴을 확연하게 볼 수 없게 고깔로 가린 것은 내면적인 멋을 살리기 위해서 인지도 모른다. 승무가 가지고 있는 아름다움이 진정 한국의 아름다움이 아닌가 한다.

조지훈이 문단에 등단하기 전 청년 시절 어느 절에서 스님이 승무를 추는 것을 처음 보았다 한다. 거기서 춤을 보고 나서 어떤 충격을 받고 시를 써야겠다는 생각에 잠겼다고 전한다.

조지훈은 당대의 최고의 무용수인 최승희와 조태권이 추는 승무를 현장을 찾아가 직접 보고 더욱 마음 다짐을 했고, 1939년 수원 용주사에서 열린 법회에서 여승이 추는 춤을 보았다고 한다. 조지훈은 승무가 끝난 후에 자리를 뜨지 못하고 오동나무 아래에서 온갖 사색에 잠겨있었다 한다. 무언가 잡힐 것 같으면서도 잡히지 않아서 다시 김은호 화백의 승무도 앞에서 몇 시간을 보내며 시상에 잠겼다고 한다.

　이 춤이 계기가 되어 머릿속에 승무에 대한 시를 꼭 써야겠다는 생각만으로 세월을 보냈고 그 집념은 실로 시를 구상하는 데만 열한 달이 걸렸으며 펜을 들어 집필한 지 일곱 달이란 세월을 보냈다. 초고를 썼으나 마음에 들지 않아서 퇴고에 퇴고를 거듭하고 비로소 18행으로 축소해 완성했다고 한다.

　한 편의 시가 이런 진통과 수련의 과정을 통해서 완성되었다고 볼 때 마음이 숙연해지지 않을 수 없다. 실로 조지훈은 시 한 편을 쓰는데 소요된 시간과 고뇌가 소설 한 편을 쓰는 이상의 숙고와 시간을 보낸 것이다.

　명작 한편이 탄생하는 과정의 어려움을 잘 말해준다.

　여기서 독자의 이해를 돕기 위해서 조지훈 시인은 「승무」에 대한 시작 노트인 「시의 원리(原理)」를 올려본다. 좀 길어서 읽는데 지루하겠지만 중요한 글이라 전문을 올린다. 독자들이 이 글을 읽으면서 도움이 되었으면 하는 뜻에서다. 이 글을 읽어보면 조지훈이 「승무」를 어떤 과정과 고통을 통해서 완성했는지를 잘 이해할 수 있을 것이다.

"나는 한 편의 시가 이루어지기까지에는 어떠한 과정을 밟는가 하는 데 대하여 졸시 '승무'의 작시 체험을 말함으로써 시의 비밀을 토로하겠습니다.

내가 승무를 시화(詩化)해 보겠다는 생각을 가지기는 열아홉 때의 일이었습니다. 나는 이 '승무'로서 나의 시 세계의 처녀지를 개척하려고 무척 고심하였습니다만 마침내 이보다 늦게 구상한 「고풍 의상」에 자리를 양보하지 않을 수 없었습니다. 나는 이 난산(難産)의 시를 쓰기까지 세 가지의 승무를 사랑하였습니다.

첫 번은 한성준(韓成俊)의 춤, 두 번째는 최승희의 춤, 세 번째는 이름 모를 승려의 춤이 그것이었습니다. 나는 무용 평론가가 아니므로 그 우열을 논할 수 없습니다만 앞의 두 분 춤은 그 해석이 나의 시심에 큰 파문을 던지지는 못했습니다. 내가 참 승무를 보기는 열아홉 적 가을이었습니다.

그 가을 어느 날 수원 용주사에는 큰 재(齋)가 들어 승무와 불교 전래의 고전음악이 베풀어지리라는 소식을 거리에서 듣고 난 나는 그 자리에서 수원으로 내려가지 않을 수 없었는데 그 밤 나의 정신은 온전한 예술 정서에 싸여 승무 속에 빠져들고 말았습니다.

재(齋)가 파한 다음에도 밤늦게까지 절 마당 감나무 아래서 넋 없이 서 있는 나를 깨닫지 못하였습니다. 지금도 그렇지만 정서를 느낄 땐 뜻 모를 전율을 느끼고 서울에 돌아온 나는 이듬해 늦은 봄까지 붓을 들지 못하고, 춤을 묘사한 우리 시가로 본보기가 될 만한 것이 아직 없을 때라 나에게는 오직 우울밖에 가중되는 것이 없었습니다. 이처럼 한마디의 언어 한 줄의 구상도 찾지 못한 채 막연한 괴로움에 싸여 있던 내가 승무를 비로소 종이 위에 올리게 된 것은 내 스무 살 되던 해 첫여름의 일입니다.

예술전람회에 갔다가 김은호의 '승무도' 앞에서 두 시간을 서 있는 보람으로 나는 무려 78자의 스케치를 비로소 가질 수 있었습니다. 움직임을 미묘하게 정지태(靜止態)로 포착한 이 한 폭의 동양화에서 리듬을 찾을 수 있는 것은 지당한 발견이었으나 이 그림은 아까 기녀(妓女)의 승무를 모델로 한 상이라 내가 찾는 인간의 애욕 갈등 또는 생활고의 종교적 승화 내지 신앙적 표현이 결여되어 그때의 초고는 겨우 춤의 외면적 양자를 형상하는 정도의 산만한 언어의 나열에 지나지 않았습니다.

그러나 이 그림을 통해서 내가 잡지 못해 애쓰던 어떤 윤곽을 잡을 수 있었습니다. 나는 이 초고를 몇 날 만지다 그대로 책상 위에 버려둔 채 환상이 가져오는 늪에 빠지게 되었으니 이 승무로 인하여 떠오르는 몇 개의 시상을 아낌없이 희생하기까지 하였으나 종시 뜻을 이루지 못했던 것입니다. 그러면 나는 용주사의 춤과 김은호의 그림을 연결하고도 왜 시를 형성하지 못했던가? 이는 오직 춤을 세밀히 묘사하면, 혼의 흐름과 표현이 부족하고 혼의 흐름에 치중하면, 춤의 묘사가 죽는, 말하자면 내용과 형식, 정신과 육체, 무용과 회화의 양면성을 초극하지 못했기 때문이었습니다. 이것을 초극하고 한 편의 시를 만들기까지는 또다시 몇 달이 지난 그해 10월 구왕궁(舊王宮) 아악부(雅樂部)에서 한가락을 듣고 난 다음이었습니다. 아악부를 나서면서 몇 개의 계획을 세우게 되었으니 이것이 곧 이 시를 이루는 골자(骨子)가 되는 것입니다.

> "먼저 초고에 있는 서두의 무대 묘사를 뒤로 미루고 직입적으로 춤추려는 찰나의 모습을 그릴 것, 그다음 무대를 약간 보이고 다시 이어서 휘도는 춤의 곡절로 들어갈 것, 그다음 움직

이는 듯 정지하는 찰나 명상의 정서를 그릴 것, 관능의 샘솟는 노출을 정화(淨化)시킬 것, 그다음 유장한 취타(吹打)에 닿는 의상의 선을 그리고 마지막 춤과 음악이 그친 뒤 교교한 달빛과 동터오는 빛으로서 끝 막을 것, 이것이 그때의 플랜이었으니 이 플랜으로 나는 사흘 동안 퇴고에 퇴고를 거듭하여 스무 줄로 된 한 편의 시를 겨우 만들게 되었습니다.

  퇴고하는 중에도 가장 괴로웠던 것은 장삼(長衫)의 미묘한 움직임이었습니다. 나는 마침내 여덟 줄이나 되는 묘사를 지워버리고 나서 단 두 줄로 '소매는 길어서 하늘은 넓고 / 돌아설 듯 날아가며 사뿐히 접어 올린 외씨 보선이여!'라 하고 말았습니다. 이리하여 전편 15행의 다음과 같은 시 하나를 이루었던 것입니다. 오래 앓던 작품을 완성하였을 때의 즐거움은 실로 컸다 하지 않을 수 없었으나 너무도 모자라는 나의 기법에 서글픈 생각이 컸던 것도 사실입니다. 이렇게 구상한 지 열한 달, 집필을 시작한 지 일곱 달 만에 겨우 이뤘다는 이야기로 기나긴 승무의 비밀은 끝납니다.

  승무를 써 놓고 보니 이름 모를 승려의 춤과 김은호의 그림은 같으면서도 다른 또 하나의 승무를 만들게 되었던 것입니다. 춤추는 승려는 남성이었는데 내가 본 그림의 여성은 장삼을 입은 속녀(俗女)였습니다.

> 나는 생활과 예술이 둘 아닌 상징으로서의 어떤 탈속한 여인을 꿈꾸었던 것입니다. 열아홉의 아름다운 체관! 슬픔도 이렇게 즐겁고 볼 양이면 내가 어찌 시를 떠나서 살 법이 있으랴만 이러한 고심에 비하여 시가 얼마나 초라한가는 다시 말하고 싶지 않으니 이는 내가 시인이 아니라 해도 서러울 리 없기 때문입니다. 뒷날 어느 선배는 나의 시에서 언어의 생략을 충고하였으나 유장한 선을 표현함에 구슬같이 밝고 가벼운 언어 만으로서는 도저히 뜻할 수 없어 오히려 리듬을 위해 부질없는 말까지 넣지 않을 수 없었던 것입니다. 자연한 해조(諧調)를 이루는 빈틈없는 부연(敷衍)은 생략보다도 어렵다는 것을 여기서 절실히 느꼈습니다."
>
> -조지훈의 「시의 원리」 중(1956)

이상에서 보았듯이 승무의 탄생 과정과 그 비밀을 살펴보았다. 어쩌면 시 한 편의 탄생이 장편소설보다도 더 긴 시간이 소모되었다는 데 긴장하지 않을 수 없다. 초기의 그의 작품은 고전적인 소재를 찾아 시를 썼으며 전아하고 세련된 시풍으로 시단의 주목을 받았다. 또한 불교적인 선미(禪味)의 색채가 강했으며 박목월과 박두진과 함께 '청록파' 시인으로 불린 조지훈은

6·25 때 종군작가로 참전했으며 그 후로는 초기의 시풍에서 벗어나 조국의 역사적 현실에 관심을 보였다.

그는 한때 오대산 월정사의 '불교전문강원'에서 강사로 지내기도 했다. 이 시는 누구도 부인할 수 없는 조지훈의 대표작이라 할 수 있다.

여승이 고깔을 쓰고 승무를 추는 과정을 통해 시의 품위를 최고조로 끌어올렸다. 황 촛불이 다 녹을 때까지 밤을 지새우며 날아갈 듯 추는 춤이 시인의 마음을 세속의 괴로움에서 벗어나 별빛에 이르게 만든다. 그것은 자기 정화에 이르고자 하는 염원의 표현으로 보았던 것이다. 마치 나비가 승천하는 것 같은 영상을 보는 듯 황홀감을 느끼게 된다.

조지훈 시인은 흔히 지조의 시인으로 불린다.

그것은 조지훈이 수필「지조론」을 쓴 후에 붙여진 이름으로 「변절자를 위하여」란 부제가 달린 이 수필은 친일파들이 정치일선에 나서 득세를 하고 지조 없이 변절을 일삼는 모습을 날카롭게 비판했다.

지조란 역사를 냉철하게 인식하고 바른길을 일관되게 걸어가는 것이라고 지적하면서 변절이란 신념을 바꾸는 게 아니라 개인의 출세를 위해 신념을 버리는 것이라고 보았다.

조지훈이 오대산 월정사에서 강사로 있을 때 일제가 싱가포르 함락을 축하하는 행렬을 주지에게 강요한다는 말을 듣고 종일 통음하면서 피를 토한 일이 있었다 한다.

조지훈은 다른 시인들과는 달리 친일 문인단체 가입을 거부한 시인이기도 했다. 그의 지조를 가히 짐작게 하고도 남음이 있다.

태백산맥이 남쪽으로 능선을 이어가다 소백산맥이 늑골처럼 서쪽으로 뻗어 나가는 갈림목이 있다. 바로 그 서남쪽 첫 번째 골짜기가 영양(英陽)이다. 그곳에 주실 마을이 있다. 이곳이야말로 말 그대로 첩첩산중이다.

넉넉한 평지라고는 찾아볼 수 없는 곳이다.

척박한 땅에 사람들이 모여 사는 주실 마을, 조지훈 시인이 태어난 일원면 주곡리 주실 마을 입구는 울창한 숲으로 쌓여있다. 마을 북쪽에 일월산이 있고 그 옆으로 문필봉과 연적봉, 노적봉이 주실 마을을 감싸고 있는 형국이다. 60여 가구가 사는 주실 마을에 옛적에는 우물이 겨우 하나 있었다고 한다. 주실 마을 사람들은 우물 하나로 불편했지만, 우물을 더 파지 않았다. 풍수지리에 대한 믿음 때문이었는데 주실 마을이 배 모양의 지형이라 우물을 파면 배가 침몰할 것이며 인물이 안 나온다고 해 우물 하나로 살았다는 게 이곳 사람들의 공통된 믿음이었다고 한다. 예로부터 주실 마을은 붓을 닮은 문필봉이 있어 문필가와 학자가 많이 탄생했다는 일화가 전해왔기 때문인데 실제로 이 조그마한 주실 마을에서 14명의 박사가 탄생했다. 과연 문필봉의 이름이 허명이 아니었다.

조지훈 시인이 주실 마을에서 태어난 것도 문필봉이 지켜줘서 시인이 되었다고 사람들은 믿는다. 주실 마을은 일찍부터 실학자들과의 교류한 마을이었다. 일제의 압박에도 전혀 굴하지 않았던 지조 있는 선비 마을이었다.

오늘날 영양군은 영양읍에서 조지훈 시인의 생가가 있는 주실 마을까지 가는 길을 '외씨버선길 조지훈 문학길'로 지정했다.

산허리를 돌아서 물길을 건너면 시인이 쓴 시의 아름다운 구절이 하나씩 떠오른다. 들판 뒤로 넘어가는 노을 아래서 조지훈 시인을 생각하는 것도 관광객들에겐 좋은 추억이 된다.

조지훈의 본명은 조동탁(趙東卓). 아버지는 조헌영(趙憲泳)이며 어머니는 전주 류씨로 4남매 중 둘째 아들이다. 조지훈 시인이 살았던 생가 호은주택은 경상북도 기념물 제178호로 지정되었고 한국전쟁으로 일부가 파손되었으나 개축되었다. 조지훈은 혜화전문학교 문과를 졸업했다. 불경과 당시(唐詩)를 탐독한 그는 많은 한시(漢詩)를 남겼다. 말년에는 시작보다는 고려대학 민족문화연구소 소장으로 활동했다.

조지훈은 암울했던 일제강점기에 모국어의 아름다움을 되살려 보려고 노력했으며 그것이 「승무」란 시로 꽃피어났다.

한국적 정서와 멋을 시로 형상화함으로써 자신의 사명감을 달성했다고 볼 수 있다.

시인들이 다 그러했지만 조지훈도 가난을 벗어나자 못했다. 그의 집 성북동 60번지의 한옥은 평수가 좁았다. 그래서 처마 끝에 달아낸 좁은 서재를 벗어나지 못하고 살았다. 술을 좋아했던 조지훈은 술에 대한 일화가 많다. 술을 그렇게 많이 마셔도 자세의 흐트러짐이 없었다. 모시옷의 구김살이 간 데가 없었다고 한다.

한번은 노기남 주교와 같이 술을 마셨는데 노 주교가 하느

님을 믿지 않으면 지옥에 간다는 말에 조지훈은 성냥을 한 주먹 손바닥에 놓고 태우며 문학을 하면서 이 같은 지조가 없이 어떻게 문학을 할 수 있느냐고 대응했다고 한다.

한국시인협회 회장을 지낸 그는 대구 달성공원에 이육사 시비를 세우고 비문(碑文)을 손수 지어 봄이 되면 흙바람 속에서 시상을 키웠다.

4월을 지나 5월 장미가 담장을 오를 때. 건강이 좋지 않았던 그는 1968년 5월 16일 지병인 기관지 확장증으로 국립의료원에 입원을 했으나 다음 날인 17일 새벽 병실에서 처남이 지켜보는 가운데 생을 마감했다. 제자들은 조지훈 시인을 인(仁)과 지(智)를 겸비한 산 같고 물 같은 선비라고 칭송했다.

권력자 앞에서 단 한 번도 고개 숙인 적이 없고 제자들을 위해서는 어떤 일도 마다하지 않고 일어섰다고 했다.

그의 묘지는 마석에 있다.

남양주시 화도읍 마석은 경춘선 철도역으로 매년 마석역 광장에서 남양주문인협회 주관으로 조지훈문학제가 열린다.

이상

거울

거울속에는소리가없소

저렇게까지조용한세상은참없을것이오

거울속에도내게귀가있소

내말을못알아듣는딱한귀가두개나있소

거울속의나는왼손잡이오

내악수를받을줄모르는악수를모르는왼손잡이오

거울때문에나는거울속의나를만져보지못하는구료마는

거울이아니었었던들어찌내가거울속의나를만나보기라도했겠소

지금나는거울을안가졌소마는

거울속에는늘거울속의내가있소

잘은모르지만외로된事業에골몰할게요

거울속의나는참나와는정반대요마는또꽤닮았소

지금나는거울속의나를근심하고진찰할수없으니퍽섭섭하오

이상에 대해서는 일화가 아주 많다.

하지만 이상의 작품을 좋아하는 독자는 없다.

그러나 이상 문학이 남아있는 것은 좋은 시라서가 아니라 파격적인 문제시를 썼기 때문일 것이다.

이상의 시는 애송되는 시가 아니고 연구실의 연구대상의 시라고 보면 되겠다. 여기 올린 「거울」은 1933년 10월《가톨릭 청년》통권 5호에 정지용의 추천으로 발표된 작품으로 문예지가 아니고 종교 잡지에 올린 시다.

이상의 시들은 대체로 종교 잡지나 기관지에 실린 것이 많다. 또 이상이 7개 국어를 한다고 한 말도 허풍일 가능성이 많다.

조선《중앙일보》에 이태준의 소개로 연재된 「오감도」외 15편을 천 편의 작품에서 고른 것이란 말도 거짓에 가깝다. 이상의 시는 시대에 맞지 않은 구두와 같았기에 시대를 앞서갔다고나 할까. 아무튼 난해한 시다.

거울 앞에 우린 서본다. 아무 생각 없이 머리를 다듬고 얼굴을 매만져보기도 한다. 그런데 이상은 거울을 보면서 우리가 생각하지 않았던 생각을 한다. 거울 속에는 소리가 없다고 했다. 벽에 걸려있는 거울 속의 세계와 거울 밖의 세계는 서로 상반돼 같기도 하지만 다르기도 해서 이상에겐 절망을 보는 세계다. 아무리 자신의 처지를 말해도 듣지 못하는 딱한 귀를 보면서 섭섭해한다. 거울 속에서 자신의 손이 왼손잡이란 걸 자각한다. 악수를 받을 줄 모르는 왼손잡이로 시대와는 적응할 수 없는 자신을 발견했던 것이리라. 거울 때문에 거울 속의 자신을 만져보지 못하는 절망이다.

거울이 있기에 자신을 볼 수 있지만, 거울이 오히려 원망스럽다. 거울 속의 자신의 얼굴이 너무 창백했기 때문이다. 몰골이 말이 아닌 그는 자신의 처지를 거울에 호소한다.

결핵으로 허파가 망가져 뼈만 남은 자신의 몰골을 보고 놀라게 된다. 이럴 수가 있나 하지만 의사가 되어 자신을 진찰할 수 없다는 절망감에 빠져버린다.

1952년 노벨의학상을 받은 왁스먼이 발견한 유일한 결핵 치료약 스트렙토마이신의 혜택을 이상은 받지 못하고 천재였지만, 자신의 병을 이겨내는 천재는 되지못했다. 「거울」의 시가 얼마나 슬픈 시인가를 새삼 깨닫게 된다.

이상의 아버지도 어머니도 얼굴이 얽었다 한다.

아버지 김연창(金演昌)은 활판소(活版所)에 다닐 때 손가락 세 개가 잘려 나갔고 어머니는 생일도 이름도 모를 뿐만 아니라 친정이 어딘지도 모르는 여자였는데 이상은 외갓집이 있는 사람을 몹시 부러워했다고 한다.

아버지가 불구가 되자 생계를 이어갈 수 없어 이상은 큰댁 백부 김연필(金演弼)의 양자가 되어 백부 밑에서 산다. 몸이 허약해 흰 얼굴 때문에 아낙들이 흰둥이라 불리던 이상은 누상동(樓上洞) 신명학교(新明學校)로 진학한다. 또 이상은 화가가 되겠다고 그림을 그렸는데 5전을 주고 모델로 삼은 여자가 누이동생 옥희(玉姬)였다. 유화 '풍경'화를 그려 교내 미술전에서 우등상을 받았다. 이상은 경성공업고등학교(지금의 서울공대)에 입학했는데 백부가 신신당부를 했다고 한다.

'해경아, 앞으로 너는 건축과로 가야 한다. 나도 병들고 네 아비도 늙고 가난하지 않으냐. 세대가 바뀌어도 기술자는 배곯지 않는다. 그러니 가난한 환쟁이는 안 돼.' 그래서 이상은 건축과로 진학하면서 화가의 꿈을 접는다.

이상은 경성공업고등학교를 졸업할 때 일본인 학생들을 제치고 수석으로 졸업하여 총독부 건축기사로 취직한다. 그때 월급을 55원을 받았다. 이상은 그 무렵 깔끔한 차림의 멋쟁이 신사였고 양복에 넥타이를 맨 신사였다.

《조선 건축회》 기관지 표지 도안을 공모할 때 1등과 3등을 했다.

선전(鮮展)에서 작품 '자상(自像)'이 입선하기도 했으며 이상의 본명은 김해경(金海卿)인데 공사 현장을 다닐 때 인부들이 '리상!'이라 불러서 이상이 되었다는 설도 있다.

이상을 부하로 둔 일본인 과장은 이상을 밉게 보았다.

왜냐하면 매일 술이나 마시고 거들먹거리고 다녔기 때문에 과장은 어떻게 하면 해직시킬까 하고 구실을 찾고 있던 중에 하루는 과제물을 이상에게 맡겼다.

보통 사람이면 일주일이나 걸려야 다 할 수 있는 과제물을 단 이틀에 마치고 제출했다는 것이다. 이상은 늘 먼 산을 바라보며 '심심해 죽겠다.'는 표정인데 알고 보니 이상은 자기만이 사용하는 암호와 노하우가 있었던 것이다.

그 암호로 문제를 간단하게 풀어 제출하면서 상사를 만족시

켰고 이때부터 과장은 늘 이상을 대동하고 다녔다고 한다.

  이상이 생에 희망이 보이기 시작할 때 결핵이 찾아왔다. 이상은 객혈을 하기 시작했다. 이상은 총독부 직을 그만두고 황해도 백천 온천으로 요양을 떠난다. 거기서 만난 여인이 금홍이다. 금홍이는 술집 작부였다. 이 여인이 후에 이상 문학에 영감을 주는 주요 역할을 한다.

  이상은 백천 온천에서 백부의 소상이 있어 서울로 먼저 돌아온다. 지금의 청진동 골목 조선광무소 아래층에 세를 들어 금홍이를 불러드리며 다방 '제비'를 개업했다. 그러나 다방이 될 리 없었다. 집세도 내지 못해 집주인은 경성지법(京城地法)에 소송을 걸었다. 이상은 공판정에 가지도 않았고 패소했다.

  이상이 다방을 접고 새로 차린 것이 술집인데 이상은 낮잠만 자고 금홍이는 술손님과 옆방에서 젓가락 장단을 치며 노래를 불렀다. 어느 날 금홍이에게 몹시 얻어맞은 이상은 아파서 울며 나간 채 사흘을 돌아오지 않았다.

  금홍이와 3년을 동거했고 거기서 얻은 것이 작품「날개」그리고「지주회시(蜘蛛會豕)」였으나 이 작품을 낳게 한 금홍이는 그 사실조차 모르고 살았다.

금홍이 얼굴이 어떻게 생겼는지 주변에 아는 사람이 없고 사진도 없으니 미제로 남아있다.

1996년에 상영된 '금홍아 금홍아'란 영화(映畵)가 있었다.
시인 이상과 화가 구본웅이 나오는 영화로 태흥영화사가 만들었고 김유진 감독 김수철이 연출했다. 기생 금홍이가 등장해 이어지는 이야기로 되어있다. 이 영화는 청룡영화제에서 금홍이가 여우주연상을 받았는데 이 금홍이가 이상의 연인이었던 금홍이로 등장한다.

이상은 어느 날 자기와 같은 결핵을 앓는 소설가 김유정(金裕貞)을 찾아간다. 김유정을 만나 '우리 더 살면 뭐 뾰족한 수가 있겠소. 같이 죽읍시다.'라고 말했는데 김유정이 난 죽기 싫다고 말하자 이상은 무안해서 돌아왔다는 일화가 있다.
김유정은 이상이 정말 죽을 것 같아 사람을 보내 이상의 동태를 살폈다는 얘기도 있다. 그런데 아이러니하게도 같이 죽자고 했던 이상이 김유정보다 18일을 더 살았던 것이다. 영양보충도 제대로 하지 못하고 글쓰기에 매달렸던 천재 문인들은 그렇게 요절하고 말았다.

어느 날 전부터 안면이 있던 일본 여자가 이상을 찾아왔다. 일본 여자가 같이 외출을 하자고 했다. 이상은 그 여자와 팔짱을 끼고 보도를 걸어가는데 오가는 행인마다 흘낏흘낏 이상을 곁눈질했다. 여학생들도 킥킥거리며 도망치는 것이었다. 이상은 내 얼굴에 검정이라도 묻었나. 그렇게 생각하며 자신의 옷차림을 살폈다. 이상은 한쪽 팔을 꿰지 않은 채 입은 겉저고리가 코트 자락 사이로 삐죽이 드러나 있었던 것이다. 급히 옷을 입는 바람에 생긴 일장의 희극이었지만 천재 시인도 가끔 그런 웃음거리가 되기도 했다.

이처럼 상식에서 탈출한 이상은 겨울에도 흰 구두를 신고 다녔으며 이상이 차린 다방의 이름이 '69' 다방이었다.

보통 사람이면 '가고파'나 '도라지' 아니면 음악과 관련이 있는 '보레로'나 '쇼팽'이 무난할 것이나 이상은 유독 '69' 다방이라 지었다. 도대체 '69'가 무슨 뜻인가. 다방을 찾은 손님들이 육구리(천천히) 쉬었다 가라는 뜻이군. 이렇게 말하자 이상은 기가 찬다는 듯이, 아니 한심하다는 듯이 창백한 얼굴에 조소 같은 웃음을 띄우곤 했다는 것이다. 말하자면 이상의 의도와는 너무도 거리가 멀다는 얘기다. 점잖게 말하면 통소 불고 전복 딴다는 게 이상의 의도다.

이래도 이해하지 못하면 남녀가 안고 동물적 향락을 즐기는 자세의 표현이 이상의 해석이란 것이다. 이런 해석이면 이상은 풍기문란죄로 감옥에 가야 했다. 그러나 경찰이 그걸 알 리가 없었다. 천재 이상 시인의 기지는 다방 이름 하나에도 여실히 드러났다.

여기 이상이 친구에게 보낸 편지 하나를 소개한다.

> '안형! 형의 글 반가이 읽었습니다.
> 저의 못난 여편네를 위하여, 귀중한 하룻밤을 부인(夫人)으로 하여금 허비하시게 하였다니 어떻게 감사해야 할는지 모르겠습니다. 부인께도 이 말씀 전해 주시기 바랍니다. 형의 「명상(瞑想)」을 잘 읽었습니다. 타기(唾棄)할 생활을 하고 있는 현재의 저로서 계발(啓發) 받는바 많았습니다. 이것은 찬사가 아니라 감사입니다.
> 저에게 주신 형의 충고 가지가지가 저의 골수에 맺혀 고마웠

습니다. 돌아와서 인간으로서 아니, 사람으로서의 옳은 진리를 가지고 선처하라 하신 말씀은 찬 등에서 땀이 날 만큼 제 가슴을 찔렀습니다.

저는 지금 사람 노릇을 못 하고 있습니다. 계집을 가두에다 방매(放賣)하고 부모로 하여금 기갈(飢渴)하게 하고 있으니 어찌 족히 사람이라 일컬으리까. 그러나 저는 지식의 걸인은 아닙니다. 7개 국어 운운도 원래가 다 허풍이었습니다. 다시 살아야겠기에 저는 여기를 왔습니다.

그러나 그보다도 먼저 해결해야 할 일이 있었습니다. 당분간은 모든 제 죄와 악을 의식적으로 묵살하는 도리밖에는 길이 없습니다. 친구, 가장, 소주 그리고 치사스러운 의리 때문에 서울로 돌아가지는 못하겠습니다. 어떻게 했으면 좋을지 전연 모르겠습니다. 여러 가지를 생각하고 있습니다만 저는 당분간 어떤 고난과도 싸우면서 생각하는 생활을 하는 수밖에 없습니다.

한 편의 작품을 못 쓰는 한이 있더라도, 아니 말라비틀어져 아사하는 한이 있더라도 저는 지금의 자세를 포기하지 않겠습니다. 도저히 커피 한 잔으로 해결될 문제가 아닌 것입니다. 《朝光》 2월호의 「童骸」는 작년 6, 7월경에 쓴 「냉한삼곡(冷汗三斛)」은 열작(劣作)입니다. 그 작품을 가지고 지금의 이상을 촌탁(忖度)하지 말아주시기 바랍니다.

과거를 돌아보니 회한뿐입니다. 저는 저 자신을 속여 왔나 봅니다. 정직하게 살아왔거니 하던 제 생활이 지금 와보니 비겁한 회피의 생활이었나 봅니다. 정직하게 살겠습니다. 고독과 싸우면서 오직 그것만 생각하고 있습니다. 오늘은 음력으로 제야입니다.

빈대떡, 수정과 약주, 너비아니 이 모든 기갈의 향수가 저를 못살게 굽니다. 생리적입니다. 이길 수가 없습니다. 가끔 글을 주시기 바랍니다. 고독합니다. 이곳에는 친구 삼을 만한 사람이 없습니다. 아직 발견되지 못했습니다. 언제나 서울의 흙을 밟아볼는지 아직은 막연합니다. 저는 건강하지 못합니다. 건강한 형이 부럽습니다. 그러면 과세 안녕히 하십시오. 부인께도 인사 여쭈어 주시기 바랍니다.'

-우제(愚弟) 李箱

이상은 이화여전 영문과 출신 변동림과 돈암동 흥천사(興天寺)에서 양가 식구들 십여 명만 모인 채 조촐하게 결혼식을 올렸으나 백부가 사망하고 가세는 기울어졌고 백부의 빚 때문에 작은 집까지 팔게 된다. 전세를 얻어 신혼의 보금자리를 차렸으나 그마저 집세를 못 내 쫓겨났다. 이런 환경에 견디지 못한 이상은 '정직하게 살았다고 생각한 자신의 생활이 지금 와 보니 비겁한 회피의 생활이었나 봅니다.'라고 자책한 이상이 일본으로 간 것은 생활의 굴욕에서 벗어나 새로운 모색을 위한 것이었다.

또한 문학의 새로운 자세를 확립해 보자는 야망도 있었을 것이다. 이슬비가 내리는 경성역(京城驛)에는 이상을 전송 나온 변동림과 두어 사람의 친지가 다였고 그들은 오직 이상의 건강만을 염려하고 있었다.

이상은 기차에 오르기 전 '휴머니즘은 최후의 승리를 가져온다.'라는 말을 남겼다. 부산에서 대한해협을 건너 동경의 간다끄진보조 3정목 101의 4번지, 이시까와 석천(石川) 방에 기숙을 정하고 자기 문학의 점검에 들어갔다. 그의 텁수룩한 머리와 세련되지 못한 옷차림은 동경시민들에게 이단시하는 꼴이 되었다.

니시간다(西神田) 서(署)로부터 불심검문 끝에 가택수색을 하니 수상한 두 권의 책이 나왔다. 이상은 니시간다 경찰서에 구금되었다 풀려나온다. 그때 이상은 폐결핵 3기였다. 그 슬픔을 달래며 맥줏집에서 만취한 끝에 일본인 신사와 시비가 벌어졌다. 그러다 누구의 입에선가 '나가자'는 소리와 함께 둘은 대로 위에서 싸움이 붙게 되었는데 군중이 몰려들어 상황이 난처하게 되자 이상은 와이셔츠와 러닝을 벗었다. 그리고 공격의 자세를 취하자 순간 일본인 신사는 실소를 하고 말았다.

이상의 몰골은 피골이 상접했다. 저게 사람인가 해골인가?

자네 내가 누군지 아는가?

난 긴자에서 모르는 사람이 없는 오야봉(어깨 대장)일세.

날 이기겠나?

오야봉이라?

글쎄, 그건 싸워 봐야지…,

두 사람은 금방 붙을 것 같더니 잠시 침묵이 흘렀고 이상은 무엇을 생각했는지 허리를 구부리더니 주섬주섬 옷을 주워 입었다.

'내가 진 것이 아니라 양보하네.' 하면서 이상은 개선장군처럼 그 자리를 유유히 떠났다.

한국의 천재 시인 이상의 기지야말로 감칠맛이 났다.

이상은 동경에서 아우인 김운경(金雲卿)에게 마지막 엽서를 보냈다. 어제 東琳이 편지로 비로소 네가 취직(就職)되었다는 소식(消息)을 듣고 어찌나 반가웠는지 모르겠다. 이곳에 와서 나는 하루도 마음 편한 날이없이 집안 걱정을 하며 울화가 치미는 때는 너에게 불쾌(不快)한 편지를 썼지만, 이제는 마음을 놓겠다.

> 不肖한 兄이다. 人子의 道理를 못 밟는 이 兄이다. 그러나 나에게는 家庭보다도 하여야 할 일이 있다. 아무쪼록 늙으신 어머님 아버님을 너의 정성으로 위로(慰勞)하여 드려라. 내 자세한 글, 너에게만은 들려주고 싶다. 자세한 말은 二 三日 內로 다시 쓰겠다.
>
> 一九三七年二月八日 아우(金雲卿)에게 보낸 葉書.
> -타국에서 아우에게 보낸 마지막 엽서

이상은 동경에서 지병이 악화되었다.

그는 '절망이 기교를 낳고 기교 때문에 또 절망한다.' 라는 경구를 남겼다. 사상이 의심스럽고 행적이 수상하다고 감방에 구금되었으나 병의 악화로 풀려난 이상은 동경제대 부속병원에 입원했다. 이 소식을 전보로 들은 아내 변동림(卞東琳)은 서울에서 기차로 부산까지 12시간, 그리고 관부연락선을 타고 시모노세끼까지 또 그만한 시간이 걸려 동경대 부속병원으로 갔다.

병원에는 수필가 김소운(金素雲)과 몇몇의 '삼사문학' 동인 그리고 '동경 학생예술' 후배들이 지켜보는 가운데 1937년 4월 17일 레몬 향기가 맡고 싶다는 말을 남기고 숨을 거두었다. 이상은 반딧불이가 반짝하는 짧은 생을 살았다.

아내 변동림은 이상의 유해를 수습해 다시 관부연락선을 타고 대한해협을 건너 서울로 돌아와 미아리 공동묘지에 안장시켰다. 변동림이 아니었다면 누가 그 일을 했겠는가. 세월이 흘러 이상이 묻힌 미아리 공동묘지는 개발이 되어 그 묘지는 간곳없이 그 자리에 고층 아파트가 세워졌다.

우리의 천재 시인 이상의 영혼은 지금 어느 하늘을 헤매고 있을 것인가. 이상이 죽자 변동림은 이름도 김향안 이라 바꾸고 화가 김환기(金煥基)와 재혼했다. 불과 4개월 정도 이상과 살았던 그녀는 1986년 《문학사상》과의 대담에서 이상을 평하기를 '그는 가장 천재적인 황홀한 일생을 마쳤다.

그가 살다 간 27년은 천재가 완성되어 소멸하여 가는 충분한 시간이다.

'천재는 또 미완성이다.' 라고 했다.

우리의 천재 시인 이상은 아직 문학관이 없다.

이상화

빼앗긴 들에도 봄은 오는가

지금은 남의 땅 빼앗긴 들에도 봄은 오는가

나는 온몸에 햇살을 받고 푸른 하늘 푸른 들이 맞붙은 곳으로
가르마 같은 논길을 따라 꿈속을 가듯 걸어만 간다

입술을 다문 하늘아 들아 내 맘에는 나 혼자 온 것 같지를 않구나
네가 끌었느냐 누가 부르더냐, 답답워라 말을 해다오

바람은 내 귀에 속삭이며 한 자국도 섰지 말라 옷자락을 흔들고
종다리는 울타리 넘어 아씨같이 구름 뒤에서 반갑다 웃네

고맙게 잘 자란 보리밭아 간밤 자정이 넘어 내린 고운 비로
너는 삼단 같은 머리를 감았구나 내 머리조차 가뿐하다

혼자라도 기쁘게 나가자
마른 논을 안고 도는 착한 도랑이 젖먹이 달래는 노래를 하고
제 혼자 어깨춤만 추고 가네

나비 제비야 깝치지 마라 맨드라미 들마꽃에도 인사를 해야지
아주까리기름을 바른 이가 지심 매던 그들이라 다 보고 싶다

내 손에 호미를 쥐여다오 살찐 젖가슴과도 같은 저 들을
발목이 시도록 밟아도 보고 좋은 땀조차 흘리고 싶다

강가에 나온 아이와 같이 짬도 모르고 끝도 없이 닿는 내 혼아
무엇을 찾느냐 어디로 가느냐 무서웁다 답을 하려무나

나는 온몸에 풋내를 띠고 푸른 웃을 푸른 설움이 어우러진 사이로
다리를 절며 하루를 걷는다, 아마도 봄 신명이 접혔나 보다
그러나 지금은 들을 빼앗겨 봄조차 빼앗기겠네

일제강점기에 빼앗긴 조국을 통탄하며 대담한 시를 쓴 저항 시인으로 우리는 「절정」을 쓴 이육사 시인과 「그날이 오면」을 쓴 심훈을 들 수 있고 여기 이상화 시인을 기억하게 된다. 이들 세 시인의 시가 가장 직설적인 저항시라 할 수 있겠다.
　다음으로는 만해 한용운과 윤동주를 들 수 있는데 한용운 시인은 위의 세 시인이 보여준 직설적인 시와는 다르게 님이란 주제로 부드러운 언어를 통해서 저항과 반항을 비폭력 무저항주의로 노래함으로써 저항시가 아니면서도 빼앗긴 조국에 대한 회복을 노래했다고 볼 수 있다. 님이란 사랑하는 사람이기도 하지만, 넓은 의미로는 조국과 붓다로 볼 수도 있다.
　또한 윤동주 역시 저항 시인이었지만 과감한 언어를 택하지 않고 부끄러운 언어로 기독교적인 자애를 바탕으로 부끄러움과 괴로움을 통해서 시를 썼고 죽어가는 생명을 사랑했던 시는 종교의식이 시의 바탕에 깔려있다. 이것이 은연중에 저항정신으로 자리를 옮겨갔다고 보아야 하리라.

　일제는 3·1운동이 일어나자 두려움을 느끼고 유화정책을 썼다. 동아일보와 조선일보를 발행케 했으며 1920년에는 《개벽》이란 잡지를 내도록 허가했다.

여기 이 「빼앗긴 들에도 봄은 오는가」란 시가 1926년 《개벽》의 6월호에 실렸다. 그러나 조선총독부의 검열에 걸려 「빼앗긴 들에도 봄은 오는가」의 시가 게재된 《개벽》誌가 회수되고 판금처분을 받았다. 《개벽》지가 수난을 겪다가 결국 통권 72호로 폐간되었다. 물론 《개벽》지에 일제에 반항하는 많은 논문이 발표되었지만 위의 「빼앗긴 들에도 봄은 오는가」의 시도 폐간의 한 원인이 되었던 것이다.

"지금은 남의 땅 빼앗긴 들에도 봄은 오는가"

이 한 구절의 시가 당시의 현실을 가장 잘 표현했다고 볼 수 있다. 봄 햇살을 받고 들을 거닐어보지만 희망의 봄은 아니었다. 생명이 소생하는 봄은 왔지만, 그건 빼앗긴 땅이었으며 들에 만발한 초록이 진정 기뻐할 봄이 아니었기 때문이다.

이 시의 주인공은 가르마 같은 논길을 따라 들을 거닐어본다. 어쩐지 혼자면서도 혼자가 아닌 것 같이 느껴진다. 무언가 답답하다. 바람이 옷자락을 흔드는데 종달새도 구름 위에서 웃지만 울적하다. 보리밭이 지난밤 내린 비로 삼단 같은 머리를 감앉고 도랑물이 불어 춤추며 흘러가고 나비 제비도 찾아왔지만 즐겁게 맞을 입장은 아니다. 진정 호미를 들고 살진 땅을 매고 싶고 땀도 흘리고 싶은 들판, 이렇게 들을 거닐어 보지만 빼앗긴 들에 대한 현실은 답답하고 쓰라릴 뿐이다.

빼앗긴 봄의 현실을 누구에게 호소할 수도 없다.

호미를 들고 밭을 매고 싶고 발목이 시도록 밟아보고 싶은 들이지만, 곡식을 위해 땀을 흘리고 싶은 들이지만, 현실은 들을 빼앗겼고 봄을 즐거워할 수가 없다.

이 시의 밑바닥에 흐르는 정서는 빼앗긴 땅에 봄이 온다는 현실에 있지만 나라를 잃은 울분을 봄의 들을 거닐며 토로했으며 토속어가 함축되어 정감을 더해주는 시가 되었다.

이상화(1901-1943) 시인은 대구시 서문로 12번지 양옥집에서 출생했다.

아버지는 이시우(李時雨)이며 어머니는 김신자(金愼子)이다. 4형제 중 둘째로 태어나 7세에 아버지를 잃고 14세까지 큰아버지 밑에서 자랐다.

셋째 아우 이상백은 한국 최초의 국제 IOC 위원이었다. 이상화는 백기만 등과 함께 학창시절 대구에서 독립운동을 주도하면서 독립선언문을 학생들에게 돌렸는데 사전에 발각되어 경찰에 끌려가 모진 고초를 받았다.

경상북도 대구 우현보통학교 졸업. 경성 중앙고등보통학교 중퇴. 1922년 파리 유학을 목적으로 일본으로 건너가 도쿄 외국어대학 불어학과를 다니다 동경 대지진으로 귀국했다.

이상화는 독립운동가, 문학평론가, 번역문학가, 교육자, 권투선수였다. 할아버지 이동진은 재산을 털어 대구에 신식 학교인 '우현서루'를 열어 학생을 모집해 교육에 헌신했다. 할아버지의 뒤를 큰아버지가 우현학교를 맡아 교육을 이어나갔다.

이상화는 상화(尙火)란 호로 문학 활동을 할 때 통용 호로 썼다. 상화(尙火)는 작품을 쓸 때 사용한 호지만 상화(想華)란 호도 사용했는데, 항상 지명수배로 쫓기는 몸이었기 때문에 중국에서 지은 호라고 한다.

1936년부터는 백아(白啞)란 호를 사용하기도 했는데 말 그대로 백치와 벙어리로 살아야 할 시기였기 때문이었다. 이들 호 중에서 문단에서는 상화(尙火)를 통용 호로 쓰고 있다.

1921년 현진건의 소개로 박종화 홍사용 나도향 박영희 등과 <백조> 동인이 되었다. 《백조》 창간호에 「말세의 흐탄」「단조」「가을의 풍경」 등을 발표해 문단에 등단했으며 이광수 최남선과도 교류하였다.

　이상화는 《개벽》《문예운동》《삼천리》《여명》《신여성》《조선문단》《조선지광》《별건곤》 등의 잡지에 「나의 침실로」「빼앗긴 들에도 봄은 오는가」「대구 행진곡」 등 60여 편의 작품을 발표했으나 생전에 출판된 시집은 없다. 사후에 백기만이 청구출판사에서 펴낸 《상화와 고월》에 시 16편이 실렸고, 이기철 편 『이상화 전집』(문장사)과 1982년 김학동 편 『이상화 전집』(새문사) 1987년 대구문인협회 편 『이상화 전집』(그루) 이 세권의 전집이 있다.

　1927년에는 의열단원 이종암 사건에 연루되어 대구경찰서에 수감되었다가 풀려났다. 1937년 3월 중국으로 건너가 만주에 있던 큰형인 독립군 이상정 장군을 만나 3개월간 중국에 머물다 고국으로 돌아왔는데, 이 사실이 알려지면서 간첩 혐의를 받고 일본 경찰에 끌려가 모진 고문을 받았다.

이상화 시인은 평소에 '피압박 민족은 주먹이라도 굵어야 한다'면서 교남학교에 권투부를 창설하고 학생들에게 권투를 지도했다. 이것이 그의 항일저항 정신을 단적으로 짐작케 하는 이상화는 교남학교의 교가를 작사했다.

이상화는 기질적으로 서정시를 썼으나 시대 상황이 그로 하여금 서정시에만 머물게 하지는 않았다. 1922년부터 4년 동안 그는 많은 시편을 모아 두었다. 박종화와 문학대담의 서신을 교환을 했는데 그 자료가 다 실종되었다.

또한 이상화를 숭배했던 임화(林和)가 이상화의 시집을 출판하겠다고 원고를 다 가져가 돌려주지 않아서 실종되었다. 임화는 그 원고를 갖고 북으로 가져갔는지 행방이 묘연해졌고 박종화가 가지고 있던 이상화의 문학론과 편지들 그리고 그의 시 원고는 이상화의 제자 이문지가 가져갔는데 6·25가 일어나자 없어지고 말았다고 한다. 이상화는 문학 복은 없어도 여자 복은 많았다고 한다.

김팔봉이 글을 쓰기를 장안의 3대 미남에 이상화를 꼽았으나 이상화는 매너가 좋아서 한 번도 스캔들을 만들지 않은 도덕

군자라고 평했다. 그런 이상화가 술과 여자에 의지해 삶을 부지하다 1935년경 '백치와 벙어리'로 호를 고치고부터 마음을 잡았다.

학교에 무보수 교사 노릇도 하고 신문총국도 했으며 아내가 불쌍하다는 말도 들어서 그때부터 '내 마누라야' 하며 끔찍이 위해주었다고 한다. 늦게 국문학사를 집필하고 춘향전을 영역하고 학문 연구에 몰두하며 지냈다.

이상화는 1919년에 달성 서씨 집안인 서순애(徐順愛)와 결혼해 3남을 두었다. 서순애는 충남 공주의 명문가 서한보(徐漢輔)의 딸로 장남 이용희, 차남 이충희, 삼남 이태희였다. 자녀들이 늦게 태어난 것은 이상화가 일제의 감시로 집에 머물지 못하고 타지로 피해 다녔기 때문이다.

1922년 일본 도쿄의 '아테네 프랑세'에 입학해 외지를 떠돌아 아내와 멀어질 수밖에 없었던 것도 한 원인이었는데 이상화는 줄곧 성심을 다해 남편을 기다려 온 아내의 미덕을 경애한다고 했다.

이상화가 어느 추운 겨울날 지인과 사업가들이 모여서 나라를 잃은 울분을 토하며 저녁 식사를 하는 자리를 수상하게 여긴 일본 경찰이 쳐들어왔다. 경찰은 숯불이 벌건 화로를 인심 쓰듯이 식탁 중앙에 올려놓았다. 모두 긴장하고 있었는데 이상화가 아무 말도 없이 주머니에서 담배 한 개비를 꺼내어 입에 물고 맨손으로 벌건 숯불을 들고 담뱃불을 붙였다 한다. 벌건 숯불에 손이 타들어 갔으나 개의치 않았던 이상화의 독기에 무서움을 느낀 경찰이 말없이 그 자리를 떠났다고 한다. 이것이 이상화의 저항정신이요 영남의 정신으로 보았다.

이상화와 현진건의 일화도 전한다.

1938년 가을 어느 날 저녁. 동아일보의 손기정이 일장기 말살 사건으로 투옥되었다가 풀려난 빙허 현진건이 이상화 집으로 찾아왔다. 빙허의 술 실력을 잘 아는 이상화는 술상을 내오게 했다. 이상화는 시를 통해서 민족혼을 일깨우는 데는 한계가 있다고 말하고, 교육이 전제되어야 한다고 빙허에게 말했다.

교남학교(대륜학교 전신)에서 교편을 잡게 된 것도 그 때문이라고 말했으며 빙허는 그 말을 듣고 무릎을 '탁' 치며 옳은 말이라고 고개를 끄덕였다. 상화와 빙허는 교육의 필요성을 역설했다고 한다. 우리가 죽기 전에 독립이 못되면 우리 자식들에게 볼 면목이 없다며 상화와 빙허는 다시 술잔을 높이 들고 상화가 '빼앗긴 들에도'라고 선창하자 빙허가 '반드시 봄이 온다'라고 소리를 질렀다는 일화가 전해지고 있다.

"장편소설 쓴다는 건 잘돼 가나?"
이상화가 빙허에게 물었다.
"애정소설을 쓰고 있는데 연애 경험이 시원찮아 잘 안 되네" 상화와 연애했던 손필연, 유보화, 김백희 등의 얼굴이 빙허의 머릿속에 스쳐 갔다. 빙허가 사화를 가장 부러워한 부분이었다.
"자네에게 코치 좀 받아야 할 것 같아"
"코치 받을 거 뭐 있나"
"직접 연애해 보면 될 거 아니가. 참한 색시 하나 붙여줄까?"
"듣던 중 반가운 소리, 빨리 주선해 봐라"
빙허가 「적도(赤道)」란 소설을 쓸 때의 일화 한 토막이다.

이상화는 가훈(家訓)을 붓으로 써서 벽에 걸어두었다. 가족 모두가 마음에 담고 살았다고 한다.

첫째, 우리는 서로 사랑하고 섬기고 위하며 살자.

둘째. 우리는 몸과 마음을 맑게 하고 적고 큰 것도 고맙다 아끼자.

셋째, 우리는 저마다 할 일에 있는 힘을 다하자.

넷째, 우리는 혼자 있을 때도 내가 나를 속이지 말자.

다섯째, 우리는 내 것을 귀엽게 할 것이요 남의 것을 부러워 말자.

여섯째, 우리는 항상 옳은 일을 하며 뉘우침을 모르게 하자.

일곱째째, 우리는 착한 사람이 되자.

위의 가훈을 실천하며 사는 가정이 되기를 바라면서 엄한 교육을 자식들에게 주지시켰던 것 같다. 교육의 중요성을 가정에서부터 이룩해야 한다고 본 것이다.

이상화 시인은 생애 대부분을 식민지 지식인으로 살았다.

해방의 기쁨을 보지 못하고 해방되기 직전에 생을 마감했기 때문이다. 그의 시에는 일제에 대한 저항 의식이 삶과 시를 지배했다고 볼 수 있다. 나라 잃은 조국에 대한 충격과 혼란이 그의 정신을 지배하고 있었다.

전자에 말했지만, 이상화는 초기의 필명이 상화(想華)였다. '아름다운 것을 생각함'이란 뜻이다. 《백조》동인들은 낭만파 동인이었다.

따라서 이상화의 초기 시「나의 침실로」를 살펴보면 '침실'은 육체적이나 쾌락을 말하는 게 아니다. 실재하지 않는 상징의 공간을 말한다고 볼 수 있다. '침실'은 단순한 휴식처가 아니라 이상적인 꿈의 안식처를 말하며 현실이 아닌 새로운 세계를 갈망한다고 볼 수 있다.

초기의 시에서 볼 수 있는 시의 경향은 서정시에 바탕을 두었으나 시대적 현실은 서정시에 머물 수 없게 했다. 그가 걸어가야 할 시의 길에 대한 고민이 역력하다고 볼 수 있다. 현실을 외면할 수 없다는 집착이 새로운 눈을 뜨게 했다.

또 나라를 잃은 현실에 대한 반감이 저항으로 변했고 그의 현실 참여가 여기서 이루어진다.

하늘을 우러러
울기는 하여도
하늘이 그리워 울음이 아니다.
두 발을 못 벋는 이 땅이 애달아
하늘을 흘기니
울음이 터진다.
해야 웃지 마라.
달도 뜨지 마라.

- 이상화의 「통곡」《개벽》 68호 1926년 4월

이 「통곡」이란 시에서 우리가 보는 바와 같이 이상화의 울분은 하늘을 우러러 저항정신으로 분명하게 드러난다. 두 발을 마음 놓고 뻗을 땅이 못 되는 설움이 시에 배어있다. 현실적으로 지배를 받는 땅이므로 애달픈 것이고 하늘마저 원망스러웠다. 해가 희망이 아니요 달이 떠도 교교한 빛이 아니다.

이 「통곡」의 시가 발표된 시기가 「빼앗긴 들에도 봄은 오는가」와 같은 해에 발표되었기 때문에 이상화의 울분을 이해하게 된다.

이상화는 별도의 문학관이 없다.

대구시 계산동에 있는 이상화 고택은 이상화가 작고하기 전 4년을 살았다. 그 고택은 1999년부터 고택을 보존하자는 시민운동으로 군인공제회에서 고택을 매입해 2005년 10월 27일 대구시에 기부하여 대구시가 고택을 보수하고 고택 보존 시민운동 본부에서 모금한 재원으로 전시물을 설치했다.

이 고택은 어느 문학관 이상으로 가치를 지니며 이상화의 민족정신을 후손에게 전하는 교육장으로 전국 학생들이 다녀간다.

이상화는 1935년부터 2년간 중국을 방문하고 1937년 조선일보사 북경총국을 맡아 경영하기도 했으며 대구 교남학교에서는 영어와 작문을 지도하였다.

나이 40에 이르러 학교 교사를 그만두고 『춘향전』을 영역하고 「국문학사」와 「불란서 시정석」 등을 시도하였으나 완성을 보지 못하고 1943년 3월에 위암 진단을 받고 4월 25일 자택에서 43세의 나이로 작고했다.

이상화 시비는 1948년 동향인 김소운의 발의로 이윤수 구상 등이 참여하고 죽순시인구락부가 협찬했으며 이상화가 재직했던 대륜고등학교 동문의 후원으로 달성공원에 세워졌다.

우리나라 최초의 시비라는데 의미가 있고 시비 앞면에 대표작 「나의 침실로」의 일부가 새겨져 있는데 상화의 고택은 62평의 기와집으로 이상화가 1939년부터 4년간 살다가 숨진 곳으로 시인이 생활했던 당시의 모습이 비교적 잘 보존되어있다.

이상화 동상은 1995년 8월 15일 광복 50주년을 맞아 두류공원 인물 동산에 동상을 건립했다. 인물 동상과 함께 있는 비석에는 「빼앗긴 들에도 봄은 오는가」의 시 일부가 새겨져 있고 뒷면에는 고인의 생애가 소개되어있다.

이육사

절정 (絶頂)

매운 계절의 채찍에 갈겨
마침내 북방으로 휩쓸려오다.

하늘도 그만 지쳐 끝난 고원
서릿발 칼날 진 그 위에 서다

어디다 무릎을 꿇어야 하나
한 발 재겨 디딜 곳조차 없다.

그러매 눈 감고 생각해 볼밖에
겨울은 강철로 된 무지갠가 보다.

한국 문학사에서 저항정신이 가장 강했던 시인이 이육사라 해도 과언이 아니다. 이 글은 현학적인 글이 아니다. 부담 없이 읽을 수 있다.

파란만장했던 수난의 일제강점기에 겪었던 독립투사들의 저항의식의 역사와 일본군과 대항해 싸웠던 선열들의 독립정신을 바탕으로 쓴 시가 바로 「절정」이 아닌가 여겨진다. 더 물러설 곳도 없는 벼랑 끝에서 일전을 감행했던 투쟁이 눈에 어린다.

절망에도 굴하지 않았던 의지를 표출한 시로 보이며 막다른 사지에 빠져서도 투항하지 않았던 불꽃 같은 의지가 번득이는 것이 「절정」이다. 이 시야말로 이국 대륙에서 일제와 대항해 싸웠던 애국 투사들의 기백을 상상케 하고도 남는 작품이라 하겠다.

「절정」은 1940년 《문장》誌에 발표된 작품이다.

많은 평자들의 연구 대상이 되었던 대표작이라 볼 수 있으며 감히 무명인이 범접할 작품이 아니지만 민족의 저항 시인을 사랑하는 마음으로 조심스럽게 써보려 한다.

「절정」의 의미는 더 올라갈 수 없는 산의 맨 꼭대기를 말한다. 더 물러설 수 없는 극한 상황을 말하는 동시에 최고의 경지를 말하기도 한다.

김우창 평론가는 "궁핍한 시대의 시인"이란 글에서 시인은 극복하기 어려운 현실의 극한적인 상황을 "겨울 강철"로 보고 무지개와 같이 부드럽고 황홀한 인식의 세계로 끌어들여 초극하고 있다고 썼다.

김종길 시인은 "비극적인 황홀"이라고 설명했다. 여기서 북방은 독립군이 일본군과 대항해 싸웠던 만주벌이 아닌가 여겨진다. 상황은 매서운 겨울 추위가 채찍질하는 엄동설한 적군으로부터 쫓겨 북방으로 밀려왔는데 이제 더 물러설 곳도 없는 위기 상황에 처했다. 마치 비수 같은 칼날 위에 서 있는 듯이 위태롭고 어디에 몸을 숨길 은신처마저 없다. 하지만 이 극한 상황이 이 시의 긴장이고 절정이다. 죽어야 할 상황이지만 백기(白旗)를 들 수는 없다. 아무것도 생각할 시간도 여유도 없는 이 매서운 추위에 어릴 때 보았던 아름다운 무지개를 상상한다.

강철을 구부려 만든 무지개란 이미지는 위의 예처럼 그 이론이 많아 여기서 감히 결론을 낼 수가 없다.

어디서 구원병이 올 상황도 아니다.

벼랑 끝에서 적과 싸워야 했던 독립군의 무기는 적에 비해 너무도 빈약했다. 하지만 일전을 치러야 한다. 눈 감고 생각할 시간이 있는 것도 아니다. 한 개인의 입장에서가 아니라 민족의 독립투사의 이름으로 강철 같은 시를 쓴 것에 머리가 숙여진다.

이 「절정」이란 시는 안이한 상상의 시가 아니라 시인 자신이 체험했던 투사로의 실제 상황이 아니라 해도 많은 독립군들이 죽어간 상황을 시로 썼다고 보아 무리는 아니라고 여겨지는 것은 이육사는 시인이기 전에 독립투사였기 때문이다.

그의 시는 책상에서 편안한 마음으로 쓴 시가 아니고 투사로 대륙을 떠돌며 쓴 시로 보아야 한다.

이육사는 한국 시인 중에 유일하게 의열단(義烈團)에 입단했던 시인이었다. 그 이름만 들어도 일제가 가장 무서워했던 테러 집단이었다. 「절정」은 꺼져가는 민족의 영혼을 눈 뜨게 한 횃불과 같은 시다. 이름 없이 죽어간 투사들을 떠올리게 한다. 억압받던 수난의 시대에 쓴 시로서는 가장 뛰어난 감각을 표출한 시로 평가받는다.

윤동주나 만해의 시가 한없이 부드럽고 비폭력 무저항의 평온한 언어로 쓰인 시라면 이육사는 그와는 정반대의 입장에서 남성적이고 도전적인 시라고 보아도 무리가 없을 것이다. 투쟁을 주도했다는 데서 가장 강한 인상을 주는 실천적 시를 표방한 것이 그 특징으로 보아야 할 것이며 이육사는 연약한 시를 쓰지 않았고 강인한 대륙적 기질을 보이는 저항시를 썼다.

　윤동주는 참회하고 부끄러운 감성을 시에 도입했다면, 이육사는 연약한 정서에 정면으로 도전한 강인한 남성적 정신을 바탕으로 시를 썼다. 죽음을 초월한 저항으로 현실에 참여하고 정면으로 도전한 민족시라고 평가를 받아 마땅하다.

　이 「절정」의 시가 2011년 8월 15일 MBC에서 드라마로 방영했다. 이육사 역으로 배우 김동완이 출연했고, 안일양 역에는 서현진이 출연했으며, 노윤희 역에 윤지혜, 서대문 경찰서 형사 역에 엄효섭이, 이육사 할아버지 역에 오현경이, 이육사의 어머니 역에 고두심이 출연했다. 「절정」이 드라마로 상영되면서 대중들의 큰 인기를 얻은 이 드라마는 2012년 미국 제45회 휴스턴국제영화제 특집극 부문에서 대상을 수상했다.

이육사의 시 「광야」도 아마 독립군들이 죽어간 만주벌이 아닌가 여겨진다.

때는 눈 내리는 매서운 겨울이다. 모든 산맥이 바다를 연모해 밀려가고 있는 벌판. 어디 몸을 숨길 곳도 없는 곳이다. 다만 큰 강(송화강?)이 흐르는 곳이며 고국의 매화 향기도 아득한 곳이다. 우리는 이 시인이 독립투사로서 일제에 저항한 시인이란 데 감명을 받는다.

무엇을 남기고 죽을 것인가.

벌판에서 시인은 가난한 노래(시) 하나를 남기고 죽으려고 했을 것이다. 그 노래가 천고의 뒤에 후손에게 읽혀지기를 희망해 보는 것이리라. 자신은 한 줌의 흙이 되더라도 미래에 대한 실망이 아니라 희망을 암시하는 것으로 받아들여지는 그런 확고한 신념과 확신이 이 시인에게 있었다.

이육사는 일제의 폭압에도 굴하지 않고 자신의 절개를 지키며 시를 쓴 실천적 활동이 우리의 뇌리에 각인된다. 언젠가는 고국에 매화향이 희망처럼 피어날 것을 확신하는 그것은 자주독립일 것이다.

이육사의 수필 「계절의 오행」에서 그는 다음과 같이 썼다.

> "나는 기백을 키우고 길러 금강심에서 나오는 내 시를 쓸지언정 유언은 쓰지 않겠다.(…)
> 나에게는 행동의 연속만이 있을 따름이다.
> 나에게는 시를 생각하는 것도 곧 행동이다."
>
> — 이육사의 「계절의 오행」 중

자신의 심정과 의지를 피력한 바가 있는데 행동이란 독립운동을 말하는 것이며 시를 쓰는 자체가 행동을 실천으로 옮기는 일이었다.

언젠가는 반드시 해동(독립)의 봄이 오고 "백마 타고 오는" 초인이 자신의 노래를 부르면서 눈 내리는 엄동에 뜨거운 심장 하나로 서 있겠다는 의지가 보인다.

"교목(喬木)"은 절제된 시 속에 시인의 고고한 의지가 서려 있다.

위기 상황에서 꿋꿋이 서 있는 교목을 통해서 자신의 신념과 의지를 드러낸 시로 보인다. 현실의 절망을 거부하고 저항하는 의지를 교목을 통해서 지탱하려는 현실 인식이 내포되어 있다고 하겠다.

떠도는 괴로움과 자신과 세계와의 단절을 느끼면서도 고난을 극복하고 서 있는 나무를 통해서 자신을 드러내 보였다.

이육사는 교목을 자신의 분신으로 여겼다. 윤동주와 이육사는 표현방식이 달랐다.

윤동주의 시가 부끄러움과 반성, 그리고 기독교적인 참회를 바탕으로 시를 쓰면서 저항의 방식이 과격한 언어의 선택이 아니고, 서정에 뿌리를 박고 저항 의식을 내부에 잠재운 채 시를 썼다고 보아야 한다. 한 점 부끄러움이 없고 죽어가는 것을 사랑했던 윤동주의 시는 저항을 표면에 드러내지 않고 무저항적인 저항이 윤동주의 속성이라 하겠다.

그러나 이육사는 과감하고 대담한 시어로 극한 상황에서 굽히지 않는 의지로 시를 썼다고 보면 될 것이다. 특히 "광야"와 "절정"에서 드러난 대륙적인 남성적 투쟁 정신은 독립군의 의지와 일맥상통한다고 보아도 무방하리라.

무려 17번이나 감옥에 갇혀 고초를 겪었던 이육사의 생애는 투쟁 그 자체였다.

여기서 의열단(義烈團)에 대해 잠시 살펴보려 한다.

3·1 독립운동이 평화적 비폭력 운동이었음에도 불구하고 일제는 수많은 동포들을 총칼로 학살했다. 전국에서 사망자 7,509명이고 부상자가 15,961명이였다.

이것을 지켜본 독립군은 비폭력에서 폭력의 투쟁으로 일본에 맞선 것이 곧 의열단 조직이었다.

의열단은 1919년 11월 9일 밤, 김원봉(金元鳳)이 만주 길림성 파호문(把虎門) 밖 중국인 반모(潘某)의 집에서 12명의 동지를 규합해 서로 혈맹으로 일본과 맞서 투쟁할 것을 맹세했다. 의열단은 한반도, 중국, 일본을 무대로 폭력 활동을 감행했다. 의열단의 암살 대상으로는 조선 총독 이하 고관, 군부의 수뇌, 대만 총독, 매국노, 친일파 거두, 밀정, 반민족적 토호 열신 등이었다.

그 실적으로는 1920년 6월 밀양경찰서 폭파사건, 동년 9월 부산경찰서 폭파 사건, 1921년 9월 조선총독부 폭파 사건, 1922년 3월 상해에서 일본육군 대장 다나카 사살 미수 사건, 1923년 1월 종로경찰서 폭탄 투척, 1923년 일본 도쿄 일본 천황 거소까지 가서 폭탄을 투척, 1926년 동양척식회사 및 식산은행 폭탄투척 등이다. 따라서 일본이 가장 무서워했던 것이 바로

의열단의 활동이었다.

이육사는 1904년에 경상북도 안동시 도산면 원촌리 881번지서 출생했다. 이육사의 아버지가 이퇴계의 13대손인 이가호(李家鎬) 씨고 어머니는 허길(許吉) 씨다.

이육사는 이퇴계의 14대손이며 5형제 중 둘째 아들로 외할아버지는 의병장 허형이었다. 그리고 할아버지 이중직이 세운 신식 교육기관 보문의숙에서 신학문을 배웠다. 어릴 때 본명은 이원록이고 두 번째 이름이 원삼(源三)으로 진성 이(李) 씨다.

1921년 17세에 안일양(安-陽)과 결혼했다.

처가에서 가까운 백학학원에서 수학했으며 1923년 백학학원에서 교편을 잡았다.

일본 유학, 베이징으로 가서 다시 광뚱에서 중산대학을 다녔는데 1927년에 귀국 후 장진홍 의거에 연루되어 1년 7개월의 첫 옥고를 치르게 된다.

1929년 출옥 후 중오일보 기자로 활동했다. 하지만 1929년 광주학생운동이 벌어지자 이듬해에 대구에서도 항일 격문을 배포한 대구 격문 사건에 연루되어 몇 차례나 투옥되었다.

1930년 조선일보에 첫 시「말」을 발표하고는 1927년 대구 조선은행 폭파사건 때는 사형제가 모두 일경에 체포되어 다시 감옥에 갔으며 대구형무소에 있을 때 수인번호가 264번으로 이육사(李陸史)란 이름이 붙게 되었고 필명은 이활(李活)이다.

 백학학원에서 교사로 지내다 중국으로 건너가서 中山大學에서 수학하고 중국 난징서 조선 혁명 군사 간부학교 1기생으로 입교했다. 베이징 주재 일본영사관에 감금되었지만 후에 의열단 단원으로 입단해 무려 17번이나 옥에 갇히는 수모를 당했다.

 할머니와 어머니는 네 아들의 피 묻은 빨래를 해야 하는 괴로움을 겪었다 한다. 네 아들을 면회 가서 피 묻은 옷을 건네받고 새 옷을 넣어주어야 하는 어머니의 그 심정을 우리는 미루어 짐작하고도 남는다.

 이육사는 잦은 만주나들이를 했다.

 3개월을 머물다가 연말에 귀국하여 다음해 8월, 조선일보사 대구지국에 근무했으며 1932년 중국 난징 탕산에서 문을 연 조선 혁명 군사 정치 간부학교 1기 생으로 입교한다.

 1933년 귀국해 윤곤강, 김광균과 동인지《자오선(子午線)》을 발간했고 거기에 이활(李活)이란 이름으로「광야」「절정」「청포도」를 발표하여 문단의 주목을 받았던 이육사는 1943년 다시 동대문경찰서 일경에게 체포되어 베이징으로 압송되었다.

1944년(40세) 1월 16일 새벽 베이징 차디찬 감옥에서 순국했으며 친척인 이병희(여)에 의해 시신이 거두어졌고 장례가 치러졌다. 원창에서 유골이 인계되고 미아리공동묘지에 안장되었다가 1960년에 고향의 원천 뒷산으로 이장했다.

1946년에 동생인 원조에 의해 "육사시집"이 출판되었다.

이육사에 대한 일화에 의하면 그의 절친했던 이병각(李秉珏) 시인 부부가 결핵으로 눕자 그들과 동거하며 주위의 만류를 뿌리치고 보살피다 병이 더 심해질 것을 걱정해 더 가까이 지냈다고 한다.

1941년 이병각 시인과 부인이 결핵으로 죽자 장례를 치러준 것도 이육사였다 한다. 이런 동지애가 감동을 안겨준다.

이육사가 소설가 최정희에게 보낸 편지 "무량사(無量寺)에서"가 있다. 이 편지에서 이육사는 무량사를 김시습이 난세에 팔도를 떠돌다가 마지막으로 몸을 의탁했던 절이라고 상기시키며

"백제란 나라는 어디까지나 산문적이란 것을 말해줍니다."란 말은 신라가 지배계급의 문학이었던 향가와는 달리 백제의 전설들은 오히려 백성들의 설움을 일깨워 주고 있다는 뜻일 것이다.

"깨어진 기왓장을 비추고 있는 가을 햇살을 이곳 사람들은 무심히 지나는 모양입니다."라고 나라 잃은 백성들을 안타까워했다.

"무량사만은 오늘 저녁에도 쇠 북소리가 나겠지요." 이육사는 문학인의 사명을 쇠 북소리에 빗대어 토로하는 편지를 최정희 소설가에게 보냈다. 이 요약된 편지에서 이육사의 행동주의적인 시인의 심경을 짐작할 수 있다.

민족투사 이육사는 정작 떠돌이 생활로 행복한 부부생활을 이어갈 수 없었다. 시인 신석초는 이육사에 대한 글에서 그에게 비밀의 여성이 있었다는 것을 알고 있었으나 그 여성이 누구라고 말하지 않았다.

비밀결사 대원답게 이육사는 자신의 여인을 숨긴 채 이병각 시인으로부터 전염된 결핵을 앓다 고문의 후유증으로 하늘로 돌아갔다.

몇 년 전에 안동시 도산면 "이육사문학관"에 갔었다.

일어통역원으로 있는 딸 이옥비(75) 씨는 말한다. 요즘처럼 아버지를 가까이 느낀 적이 없다고 했다.

문학관 뒤편 육우당(六友堂)에서 사는 이옥비 씨는 육사의 유일한 혈육으로 이옥비 씨가 어느 언론 기자께 한 이야기다.

"어머니는 일제 치하 때 일본 경찰에게 너무 많은 고초를 당해 소박을 맞았다고 거짓말을 했답니다. 수감된 아버지께 넣어준 한복은 피범벅이 되어 나왔답니다." 아들 넷이 다 옥에 들어가 그 괴로움은 말하지 않아도 알 듯하다.

그의 딸 이옥비 씨의 말에 의하면 어머니는 늘 감시의 대상이었던 아버지에 대한 일본 경찰의 감시를 벗어나기 위해 일본 경찰에게 남편으로부터 소박을 맞았다고 거짓말을 했다고 한다. 어느 날 아버지가 투옥되어 감옥에 면회를 하러 갔는데 일본 경찰이 "소박맞았다면서 왜 면회 왔느냐."고 하자 어머니의 대답이 "우리나라는 동방예의지국이라서 소박을 맞아도 위급할 때는 찾아온다."는 이야기를 했다고 한다.

그리고 아버지는 군사훈련단에서 사격을 하면 백발백중이어서 명사수로 통했다고 했다. 잦은 국내외 잠입에 따라 변장술에 능했다고 아버지의 친구들이 어머니께 말했다고 한다. 또한 아버지와 함께 북경감옥에 수감되었다가 먼저 출소한 이병희 선생이 아버지의 면회를 자주 갔는데, 하루는 "오늘은 매우 기분이 상쾌하다."는 말을 했고 그 말을 들은 직후 며칠이 되지 않아 아버지가 숨졌다고 한다. 숱한 고문에 의한 후유증이 결국 아버지의 죽음을 불렀다고 전했다. 또한 결핵을 앓던 친구를 돕다가 전염된 결핵이 겹친 것이 병을 더 키웠다고 했다. 감옥에 넣어준 옷이 피 묻은 옷으로 돌려받은 어머니의 괴로움. 고문에 의해 아버지는 몸이 쇠약해졌고 폐병으로 고생을 많이 했다고 어머니로부터 전해 들은 이야기라고 했다.

아버지는 평소 깔끔한 데다 마음먹은 것은 꼭 해내는 성품이었고 특히 남에게 신세 지는 것을 몹시 싫어했다고 했다.

서울에서 친구들과 같이 길을 가다가도 주머니에 돈이 없으면 친구들이 아무리 전철을 타고 가라고 해도 혼자서 걸어가는 성격이었다고 전했다.

그리고 다시 옥비 씨는 말했다.

독립운동가의 후손 예우와 관련해 대구여고 재학시절 때 시험을 쳐서 80점 이상이면 등록금 면제라는 혜택을 본 것 외에는 달리 대우를 받은 게 없다고 전했다.

안동시 도산면 원촌리. 안동시청에서 퇴계로를 따라 북으로 25km를 가면 도산서원 입구가 나온다. 여기서 산 하나를 넘으면 이육사문학관이 있다.

이옥비 씨는 백일 되던 날에 아버지가 지어준 이름이 옥비였다고 했다. 옥(沃) 자에 아닐 비(非) 자다. 소박하게 살고 욕심을 부리지 말라는 뜻을 담았다는 게 아버지의 말씀이었다는 그의 설명이다.

아버지의 영향으로 대학에서 국문학을 전공한 옥비 씨는 어머니의 반대를 무릅쓰고 일본어를 배웠다고 했다. 꽃꽂이 경력이 40년이 넘고, 어머니로부터 솜씨를 물려받아 궁중요리에도 일가를 이뤘다고 했다.

1999년에 남편이 세상을 떠나면서 옥비 씨는 일본으로 건너갔다. 옥비 씨는 말을 아꼈지만 남편이 갑자기 돌아간 후 그 충격을 견디기 어려워 일본으로 갔다는 게 주변 사람들의 이야기다. 일본 니가타의 한국총영사관에서 일본 사람들에게 꽃꽂이와 김치 담그는 법을 가르쳤다고 했다.

아버지가 그렇게도 증오했던 일본에서 옥비 씨가 6년을 살았다는 것은 매우 이례적이다. 다시 귀국한 옥비 씨는 김휘동 안동시장의 제안을 받고 아버지의 문학관에서 근무하게 되었다 한다.

어렸을 때는 독립운동가인 아버지가 안겨준 부담 때문에 문학관을 찾는 관광객들에게 아버지에 대한 생애와 일화를 들려주는 안내자 역할을 하고 있는데 대중교통이 불편하고 식당도 마땅치 않아 문학관을 찾는 관광객의 불편이 많다고 했다.

옥비 씨는 아버지가 남긴 시 중에서 「청포도」와 「광야」를 특히 좋아한다고 했다. 또 「청포도」는 아버지의 향토 사랑과 따뜻한 마음을 느낄 수 있어 좋고, 「광야」는 항일운동에 목숨 바친 독립군의 죽음과 아버지의 굳은 의지를 느낄 수 있어 좋다고 했다.

이육사는 8·15 광복 7개월을 앞두고 차디찬 이국 베이징 감옥에서 순국했다. 아버지에 대한 기억이 거의 없다고 말하는 그녀가 아이보리색 양복을 입으셨다는 것만 어렴풋하게 기억날 뿐이라고 했다.

또 여기서 하나 빠뜨릴 수 없는 것은 이육사의 아우인 이원조 씨가 8·15 광복 이후에 월북해서 북의 고위직에 올랐다는 것이다. 이 또한 남북 분단의 비극이다.

그러나 박헌영과 더불어 숙청되고 정치범 수용소에서 옥사했다는 설이 있으며 이육사의 「절정」은 우리의 마음속에 영원히 살아있을 것이다.

한하운

보리피리

보리피리 불며
봄 언덕
고향 그리워
피-ㄹ 닐니리.

보리피리 불며
꽃 청산
어린 때 그리워
피-ㄹ 닐니리.

보리피리 불며
인환(人還)의 거리
인간사 그리워
피-ㄹ 닐니리.

보리피리 불며
방랑의 기산하(幾山河)
눈물의 언덕을 지나
피-ㄹ 닐니리.

고은 시인이 젊은 날 길을 가다가 길에 버려진 책을 하나 주었다. 그걸 집에 와서 펼쳐보니 한하운 시인의 시집이었다고 했다. 그 시집을 밤새워 읽고 감명을 받아 화가가 되겠다는 꿈을 접고 한하운과 같은 시인이 되겠다는 결심을 했다고 전해진다. 그게 '보리피리'가 아닌가 한다. 한하운의 시가 고은의 인생 진로를 바꿨다는 애기다.

화가의 꿈을 시인으로 바꾸게 한 한하운의 시. 한하운은 그런 시인이었다.

보리피리는 봄에 보리가 자라면 그 줄기를 뜯어 입술로 불어서 소리를 내는 것을 말한다. 버들잎을 뜯어서 부는 소리는 버들피리라고 부른다. 지금은 보리밭을 보기도 힘들어졌으나 옛적에는 보리밭이 많아 아이들은 보리피리를 부는 것을 낙으로 여겼다.

오늘날의 아이들은 보리피리가 무엇인지를 모르고 그 소리가 어떤지도 모를 것이다.

보리피리를 불며 봄을 즐겼던 세대는 늙었다.

보리밭의 보리가 자라서 바람이 불면 마치 파도가 치듯 일

렁이는 모습은 인상적이었다. 종달새가 하늘에서 지저귀면 보리는 패기 시작해 보릿고개의 배고픔을 보리피리 소리로 달랬던 시절. 그 시대로 돌아갈 수는 없다.

다만, 추억을 간직하고 살 뿐이다.

한하운의「보리피리」는 1955년 『人間社』에서 출판된 한하운의 시집 제목이기도 하다.

1953년 10월 15일 오후 서울신문 편집국에 허름한 옷차림의 한 청년이 나타났다. 사회부장 오소백을 비롯한 사회부 기자들은 그 청년이 두고 간「보리피리」시를 읽어보고 시가 너무 좋다고 입을 모아 칭찬했다고 한다.

「보리피리」시가 그해 10월 17일 자로 서울신문에 발표되었는데 그가 한하운이었다. 한하운은 그때부터 보리피리 시인으로 전국에 알려지게 되었다.

봄 언덕을 오르며 보리피리를 불어보니 고향 생각이 더욱 간절하게 떠올랐으리라. 옛 마을의 정경과 고향 산천이며 부모 형제들을 보고 싶은 생각이 이 시 속에 담겨있다.

봄이면 고향의 봄 언덕이 그리워졌고 꽃 청산의 어릴 때가 그리워졌다. 또한 인간이 모여 사는 거리가 그리워졌으리라. 뿐만 아니라 팔도를 방랑했던 산과 강물. 눈물의 언덕이 그리워진 보리피리를 통해서 기구한 자신의 운명을 노래했을 것이다.

이 슬픔의 미학이 한하운의 보리피리가 아닌가 여겨진다.

인간이 사는 사회. 그들과 어울리지 못하는 처지가 얼마나 그리웠겠는가. 하물며 팔도를 떠돌며 유랑했던 눈물의 기산하는 또 얼마나 많았던가. 그런 과거와 현재가 보리피리 속에 고스란히 담겨있다고 하겠다.

이 「보리피리」 시 한 편으로 세상에 알려진 한하운은 한국 문단에서 유일한 나병 시인이 되었다.

미당 서정주는 '해와 하늘빛이 부끄러워 /보리밭에 달뜨 /애기 하나 먹 /꽃처럼 붉은 울음을 밤새 울었다.' 라고 「문둥이」란 제목으로 시를 썼다. 아마 한하운을 생각하며 쓴 시로 여겨진다.

나병은 천형(天刑)이라고 했다. 하늘이 내린 벌이라고 했으나 한하운이 무슨 잘못을 했기에 내린 병인가. 속설에 문둥이가 아가 간을 빼먹으면 나병이 낫는다는 설은 터무니없는 거짓이었다. 그래서 문둥이는 하늘이 부끄러웠고 달밤이면 붉은 울음을 울었을까. 보리밭에 숨어서 자신의 처지를 돌아보며 울었을까.

　한하운은 이른바 "문화 빨치산 사건"으로 곤욕을 치르기도 했다. 한하운은 1953년 경기도 용인에 동진원(東震園)이란 공간을 만들어 한센병 완치한 사람들이 자급자족할 수 있도록 했다. 그러나 그해 8월 느닷없이 사상 검증에 휘말리게 되었는데 그 사건으로 인해 시집 『한하운 시초』의 재판 출간이 발단 되었다.
　1949년 5월 정음사에서 『한하운 시초』 초판이 나왔다. 표지 그림을 그린 정현웅과 발문을 쓴 이병철이 북에서 창작 활동을 하다 월북했던 것이다. 이런 관계로 한하운의 「데모」란 시에 '핏빛 깃발이 간다.'란 시 구절이 공산주의를 말하는 적기(赤旗)로 해석했던 것인데 참으로 어이없는 일이었다.
　한 일간지의 언론이 한하운을 불온한 사상을 가진 유령 시인으로 몰았던 것이다. 이것이 그 유명한 '문화 빨치산 사건'이었다. 어처구니없는 이 사건은 검경과 국회에까지 비화한 사건으로 조사를 받게 되었다.

    그러나 조선일보가 1954년 11월 23일 자에 '한하운은 좌익이 아니다'라고 기사가 실리면서 다행히 한하운은 실존 인물이고 공산주의자는 아니란 판결이 내려져 일단락이 되었지만, 어느 평론가는 글에서 '한하운 시인이 국회까지 올라가 물의를 일으켰는데도 문단은 침묵만 했다'라고 썼다.

    한센인이란 탓에 한하운은 경멸의 대상이 되었고 문단은 한하운을 시민권도 없는 사람으로 천대했던 것이다.

    한하운은 1949년 서울신문이 발행하는 《신천지》 4월 호에 한하운의 시가 실리면서 이병철 시인이 시의 머리에 '한하운의 시를 엮으면서'를 통해 한하운이 나병 환자란 것을 처음 세상에 알렸고 동시에 문단 절차를 밟고 문단에 데뷔한 셈이 되었다.

    『한하운 시초』는 70쪽의 얇은 분량의 시집이다. 《신천지》에 발표한 13편과 12편을 보태어 모두 25편이다.

    천형의 시인 한하운은 노숙자로 명동거리를 헤맸다.

    술집과 다방과 음식점 입구에서 손님께 시를 써주고 손을 내밀었다. 시를 파는 '명동 거지'란 말이 여기서 생겨났다.

전국의 나병 환자들은 소록도로 몰리게 되었고 소록도는 나병 환자들의 낙원이 아니라 나병을 치료하는 나병 요양원이었다.

소록도엔 한하운의 「보리피리」시비가 있다.

1972년 5월 17일 나병요양원 개원 56주년에 제막식을 가졌는데 무게 4t의 돌을 10km나 되는 먼 곳에서 나병 환자들이 운반할 때 겪은 일화가 더 눈물겹다.

한하운은 「보리피리」를 발표하면서 보릿고개 시절의 아픔과 맞물려 나병 환자의 서러움을 대변하는 시가 되어 오늘날에도 소록도를 찾는 관광객들을 맞이해준다. 이 「보리피리」시비(詩碑)는 한국에서 유일하게 서 있는 시비가 아니고 누워있는 시비다. 입석 시비가 아닌 와석 시비인 것이다.

한하운은 소록도에서 나병 환자들에게 나병은 불치병이 아니라 반드시 낫는 병이라고 나환자들에게 용기를 주었으며 절망할 것이 아니라 희망을 품고 살아야 한다고 역설했는데 나병 환자를 대변한 눈물겨운 희망이었다.

한하운은 본명이 한태영으로 1920년 함경남도 함주에서 아버지 한종규 갑부의 2남 3녀의 장남으로 태어났다. 1932년 함흥제일공립보통학교 우등생, 그는 특히 음악과 미술에 뛰어난 재질을 가졌다고 한다.

1937년 13세에 이리농림학교 수의축산과에 입학했다. 국가 유일의 5년제 과정이었다.

1939년 일본 세이케이고등학교 2년 수료, 중국 북경대학 축산과를 졸업했다. 한하운은 불행하게도 17세의 나이에 나병 진단을 받았는데 그때가 1936년 봄이었다.

그의 몸 전체에 콩알 같은 결절(結節)이 생겨났고 경성제국대, 지금의 서울대 부속병원을 찾아갔다. 일본인 기다무라(北村淸) 박사는 진찰이 끝난 뒤에 한하운을 외딴 방으로 불러 나병이라고 하면서 소록도로 가서 치료하면 낫는다고 말했다고 한다. 전생에 무슨 죄를 지었기에 천형(天刑)인 나병이란 말인가? 이런 진단을 받고 한하운은 중국 북경대학 시절에 하숙을 했는데 그때 수그러진 반점이 다시 재발했다.

대학시절엔 교포 여성인 S라는 여대생과 사랑을 했다.

그때 한하운은 몸의 종양을 여인에게 보이며 우리들의 사랑은 맺어질 수 없다며 헤어지기를 바랐으나 S 여인은 고국으로 돌아가지 말고 중국에서 같이 살자면서 중국 돈 300원과 반지를 빼주며 치료에 보태 쓰라고 했다 한다.

한하운은 어느 날 밤늦게 그녀와 술을 마시며 이별하기로 마음을 먹고 그날 밤 이별의 슬픔을 나누었다. 찢어질 것 같은 슬픔을 나눈 다음 날 그녀는 음독자살했다는 설이 있고 한하운의 첫사랑은 이렇게 비극적으로 끝났다.

여기 이해를 돕기 위해 문둥이를 한센인이라 부르게 된 동기를 밝히기로 한다.

노르웨이의 나병 학자(癩學者)인 한센이 베르겐대학을 나와서 의사가 되었다. 그는 베르겐병원의 조수로 일하면서 일생을 나병 연구에 바쳤다. 나병균을 발견하는데 온 힘을 쏟았고 그 결과 1874년에 나병균을 발견하는 데 성공했다. 이 사실을 온 세계에 알렸고 세균학자 나이셀이 나병균을 확인했다. 그로부터 나병균을 발견한 한센의 이름을 따서 한센병이라고 부르게 된 것이다.

나병은 균에 의한 병이지만 전염은 되지 않는 것으로 판명되었다. 나병균은 몸 밖으로 나오면 몇 초 만에 죽기 때문에 다른 사람에게 전염될 수 없으나 사람들은 한센 환자와 접촉하면 전염되는 것으로 알고 대면하는 것조차 꺼려해 왔다.

그것은 나병에 대해 제대로 홍보가 되지 않았기 때문이었다.

> 가도 가도 붉은 황톳길
> 숨 막히는 더위뿐이더라
> 낯선 친구 만나면
> 우리들 문둥이끼리 반갑다
> 천안삼거리를 지나도 수세미 같은 해는 서산에 남는데
> 가도 가도 붉은 황톳길
> 신을 벗으면 버드나무 밑에서 지까다비를 벗으면
> 발가락이 또 한 개 없다
> 앞으로 남은
> 두 개의 발가락이 잘릴 때까지
> 가도 가도 천 리 길 전라도 길
>
> - 「전라도 길」 전문

여기 전라도 길은 뙤약볕이 내리쬐이는 여름철이다.

아스팔트 길이 아니고 비포장 황톳길, 문둥이는 무엇으로 요기라도 했을까. 허기와 더위를 견디며 가야 하는 길이다. 가다가 만날 사람은 모두 문둥이뿐이며 서로 말을 할 수 있고 반갑다고 안부를 건넬 사람도 오직 문둥이뿐이다.

그러나 오래 머물 수는 없다. 서로 가는 길이 다르기 때문이다. 신을 벗어본다. 발가락이 하나 떨어져 나갔다. 그게 나병이다. 남은 것은 발가락 두 개, 이 주인공이 가야 하는 곳이 소록도가 아닐까.

붉은 황톳길을, 천 리나 먼 가도 가도 먼 전라도 길을 묵묵히 걸어가는 그의 뒷모습이 떠오른다.

소록도는 전라남도 고흥군 도양읍에 딸린 섬으로 구한말에 선교사들이 세운 나병 요양원에서 시작된 나환자 요양원은 일제강점기에 전국의 나환자들이 모여 살았는데 지금까지 이어왔다.

1945년 광복이 되자 함흥의 갑부였던 한하운 집안은 토지를 비롯한 모든 재산을 북한 공산당에 몰수당했다. 이에 반발해

1947년 4월 공산주의 체제를 전복하려고 꿈꾸던 아우와 같이 체포되어 원산교도소에 끌려갔다. 그러나 나병 악화로 한하운은 병보석으로 나왔다.

월남한 한하운은 부모와의 헤어짐이 가슴 아팠으나 무엇보다 자기를 따라다니며 온갖 약을 구해주었던 R이란 여인과의 헤어짐이 무척 괴로웠다고 한다.

누이동생의 친구였던 R에 대한 인상은 "하얀 목련 같은 여자"라고 자서전에 기록되어있다. 그런데 R 여인이 한하운을 찾아 38선을 넘어 남으로 왔다.

그녀는 나병약을 구하기 위해 대구의 애작원. 부산의 상애원에서 약을 찾았으나 약을 구하지 못하고 대구동산병원에서 '다이아송' 60알. 서울 천우당 약방에서 '대풍자유' 3병을 샀다. 모두 한하운의 병을 치료하기 위해서였다.

한하운이 금강산으로 요양을 하러 갔을 때 금강산까지 따라온 R에게 헤어지자고 고백했으나 그녀는 병시중하며 돌아가지 않았다고 한다. 한하운이 일본 도쿄 성계고등학교 2년 때 R여인은 일본까지 따라와 여자전문학교 가사과에 입학해 1년쯤 함께 지냈는데 완치된 줄 알았던 나병이 다시 재발하여 학교를 중퇴하고 돌아왔다고 한다.

한하운을 보살피는 R이란 여인의 사랑은 눈물겨울 정도였다고 한다.

여기 한하운의 자서전 『나의 슬픈 반생기』의 일부를 올린다.

「나는 몸에 이상이 오는 것을 느꼈다. 결정이 콩알같이 스멀스멀 몸의 이곳저곳에 나타나고 검은 눈썹은 자고 나면 자꾸만 없어진다. 코가 막혀서 숨을 제대로 쉬지 못하고 코 먹은 소리가 나온다.

거울을 보니 사람의 얼굴이 아니고 문둥이 그 형상이다. 기절할 노릇이다. 결정은 기하급수로 단말마의 발악처럼 퍼지며 몸 이곳저곳에서 쑥덕쑥덕한다. 하루는 상사가 부르며 '너 문둥이 아닌가.' 묻는다. 빨리 치료하라는 것이다. 이제는 그만이다. 세상아. 잘 있거라. 그러면서 나는 집으로 돌아왔다.

고향 땅 함흥에 돌아왔으나 이 꼴로 집에 들어갈 수가 없다. 종일 밤이 되기를 기다리다 사람이 안 다니는 들에 숨어 굶으며 해지기를 기다렸다. 이제는 문둥이가 된 설움이 가슴을 찢는다. 어두워져서 집으로 돌아갔다. 집에서 모두 깜작 놀랜다. -(중략)

나는 R이란 여인의 빛나는 눈동자에서 사랑의 시를 느꼈고 그 사랑의 시는 생명의 노래를 주었던 것이다. 내가 나병이 완치된 것은 시를 사랑하고 시를 썼기 때문에 그 힘으로 완치되었다고 생각한다….

나는 시를 영혼으로 쓴다. 또 시를 눈물로 쓴다. 시는 나에겐 도(道)이다. 눈물의 원심분리기에서 남은 영혼의 에센스다. 그러니 시에 귀의해 살지 않을 수 없다. 나환자에게 인간의 생활 조건을 박탈당하고 생존권을 위협받고 있다….」-(이하 생략)

- 한하운의 자서전 「나의 슬픈 반생기」 중에서

나는
나는
죽어서
파랑새 되어

푸른 하늘
푸른 들
날아다니며

푸른 노래
푸른 울음

울어 예으리

나는

나는

죽어서

파랑새 되리

- 「파랑새」 전문

한하운은 죽어서 파랑새가 되겠다고 했다.

이 땅에서 천대받았던 인간의 냉대를 생각하며 죽어서는 자유로운 몸인 새가 되어 푸른 하늘과 푸른 들을 날아다니며 푸른 노래를 마음껏 불러보고 싶다는 염원을 그가 누려보지 못한 인간 푸대접에 대한 저항에서 솟아났을 것이다.

파랑새는 행복을 상징하는 새로 알려져 있지만, 파랑새는 먼 곳에 있지 않다. 내가 사는 가까운 곳에 있다는 일화는 행복이 그리 먼 곳에 있는 게 아니고 내 가까운 곳에 있다는 교훈으로 읽혀진다.

한하운은 그가 되겠다는 파랑새가 되었을 것이다.

자유와 희망과 행복의 상징인 파랑새. 자유가 그리웠던 한하운의 겨드랑이에 푸른 날개가 돋아서 지금 푸른 하늘과 푸른 들을 날며 이승에서 누리지 못한 자유를 마음껏 만끽하며 창공을 날고 있지 않을까 생각한다.

한하운의 시 「보리피리」와 「파랑새」가 교과서에 실렸다.
한하운은 청소년 시대의 학창 시절을 제외하면 평생을 유랑자로 떠돌며 어디서도 대접받지 못했던 삶은 인간의 삶이 아니었다.
비록 고향 함흥의 갑부의 아들로 태어났으나 천형(天刑)을 안고 살았던 그의 생애는 고향 상실과 나병 인이란 죄명을 벗어버릴 수 없었기 때문에 자신을 학대하기보다는 나환자에 대한 그릇된 인식에 슬퍼했다.
그의 시 저변에 흐르는 고독과 비극이 독특한 양상으로 드러난다는 것은 한국 시의 비극 미를 대변했다.
인간사회로부터의 추방된 한하운은 유랑생활로 떠돌 수밖에 없었고 그의 시가 인간을 노래한 것은 미학이기 전에 나도 인간이란 것을 보증하는 처절함이 시에 배어있다고 하겠다. 그는 자연을 아름다움의 대상으로 볼 수 없었다.

인간사회로 돌아올 수 없는 고독이 어찌 자연에서 구원받을 수 있었겠는가. 그가 죽어서 파랑새가 되고 싶었던 염원은 이승에서의 마지막 희망의 노래였을 것이다.

한하운의 시에서 우리는 생명 사상과 인간 사랑의 고귀한 미학을 느낀다. 또한 인간이면서도 인간 대접을 받지 못하고 천대받았던 비극적 미학을 동시에 받아들이게 된다.

한하운은 한국 유일의 나병 시인이며 앞으로 다시 탄생할 수 없는 유일무이한 시인으로 문학사에 남았다.

한하운은 1959년 나이 마흔이 되어서야 나병이 완치된 채 인간 사회로 돌아와 1953년 대한한센총연맹을 결성해 위원장이 되었다. 성혜원 생활 10년 만이었다.

그는 경기도 부평에 25년 동안 살았다. 그 인연으로 부평문화원은 한하운 대중 교양서 출판. 한하운 관련 자료 발굴 수집.

학술 세미나. 백일장. 등 한하운 재조명 사업에 예산을 아끼지 않고 적극 투자했다.

  나병에 대한 그릇된 인식을 바로잡는데 죽을 때까지 혼신의 글을 쓴 한하운은 1971년 '한국가톨릭 사회복지협회'를 결성해 회장에 취임했고 신명보육원을 세우고 회장이 되었으며 경기도 용인에 동진원(東震園)이란 공간을 만들고 한센병 완치자가 자급자족하는 데 힘썼다.

  1975년 2월 28일 인천시 부평구 십정동 산 39번지 자택에서 간 경화가 악화해 생을 마감했다. 그의 나이 56세였다.
  경기도 김포시 풍무동 장릉공원묘지에 그의 무덤이 있다.

  김포문협은 보리가 피는 5월 무렵이면 한하운문학축제를 연다. 한하운 문학축제는 「보리피리」를 노래와 랩으로 표현했으며 춤과 시 낭송으로 해마다 행사를 이어간다.

정지용

향수

넓은 벌 동쪽 끝으로
옛이야기 지줄대는 실개천이 휘돌아 나가고
얼룩빼기 황소가
해설피 금빛 게으른 울음을 우는 곳.

그곳이 차마 꿈엔들 잊힐리야.

질화로에 재가 식어지면
빈 밭에 밤바람 소리 말을 달리고
엷은 졸음에 겨운 늙으신 아버지가
짚베개를 돋아 고이시는 곳.

그곳이 차마 꿈엔들 잊힐리야.

흙에서 자란 내 마음
파란 하늘빛이 그리워
함부로 쏜 화살을 찾으려
풀섶 이슬에 함초롬 휘적시던 곳.

그곳이 차마 꿈엔들 잊힐리야.

전설 바다에 춤추던 밤물결 같은
검은 귀밑머리 날리는 어린 누이와
아무렇지도 않고 예쁠 것도 없는
사철 발 벗은 아내가
따가운 햇살을 등에 지고 이삭 줍던 곳.

그곳이 차마 꿈엔들 잊힐리야.

하늘에는 성근 별
알 수도 없는 모래성으로 발을 옮기고
서리 까마귀 우지 짖고 지나가는 초라한 지붕
흐릿한 불빛에 돌아앉아 도란도란 거리던 곳.

그곳이 차마 꿈엔들 잊힐리야.

「향수」는 1927년 《조선지광(朝鮮之光)》 3월호. 통권 56호에 발표된 작품이다.

또한 1935년에 낸 시집에 수록되어있다.

「향수」는 정지용의 초기작으로 그가 추구한 모더니즘적인 양상과는 다른 면모를 보여준다. 향수란 말은 자기가 태어난 출생지를 그리워하는 마음의 작용을 말한다.

인간은 성장하게 되면 삶의 터전을 찾아 외지로 가게 된다.

타향에서의 삶이 빈곤하든 부유하든 지기가 태어나서 자라던 고향에 대한 그리움은 누구나 갖고 있을 것이다.

객지에서 뿌리박고 터전을 마련하지 못한 사람일수록 고향에 대한 그리움은 더할 것이다.

이 시가 일제 암흑기에 쓰였으니 나라를 잃은 비애도 가미되어 있다고 보아야 하리라.

고향은 누구나 갖고 있고 고향에 대한 그리움은 인간의 본성인데 사람이면 자기를 낳아주고 키워준 출생지에 대한 생각은 아마 일생 간직하며 산다고 보아야 할 것이다.

정지용의 대표작으로 불리는 「향수」에는 실개천, 얼룩빼기 황소, 짚 베개를 돋아 고이시는 아버지, 하늘을 향해 쏘던 화살, 어린 누이와 예쁠 것도 없는 아내, 서리까마귀 등이 등장하며 옛 고향을 그리워하게 되는데 유독 빼먹은 것이 있다면 어머니일 것이다.

정지용의 「향수」에 왜 어머니를 빼놓았는지는 여러 추측이 있는데 혹시나 고부간의 불화는 없었는지 하는 추론도 하게 된다.

시의 절마다 '그곳이 차마 꿈엔들 잊힐리야'를 되풀이한 것은 「향수」란 시에서 고향의 상실을 강조한 것으로 봐야 할 것이다. 꿈에서조차 사무친 고향이기 때문이다. 동물에게도 귀소성(歸巢性)이란 게 있는데. 내가 태어나고 살던 곳을 그리워한다는 뜻이니 당연지사다. 인간이 고향을 그리워하는 것은 본능적인 일이다.

전자와 같은 자연환경과 가족관계가 서로 엉켜 있기도 하지만 고향이란 옛 모습 그대로 유지되는 것이 아니라 세월 따라 조금씩 변하기도 해 옛 흔적을 찾을 수 없게도 되거니와 하여 본래의 고향을 상실하는 아픔이 가중되기 때문에 누구나 고향을 그리워하는 것이다.

고향 없는 사람이 어디 있겠는가.

그래서 향수는 인간을 끝까지 따라온다. 삶의 종착역까지 향수는 같이할 것이다.

> 1935년 정지용이 《시문학사》에서 시집을 냈다. 이 시집 발간에 대해서 이양하는 "그러나 우리는 여기 마침내 우리의 욕심을 채울 수 있게 되었다.
> 오늘 처음 씨의 시집이 출판되었으매 우리는 한 아름 꺾어 든 꽃다발처럼 씨의 시집을 끌어안고 그의 아름다운 색채를 향기를 형체를 윤곽을 마음대로 그리며 엿보며 어루만지게 되었다."라고 칭찬을 아끼지 않았다.
> -「조선일보」1935년 12월 8일

지용은 많은 시집을 내지 않았지만 제2 시집 『백록담』은 '문장사'에서 펴냈다.

정지용은 1902년 충북 옥천군 옥천읍 하계리 40번지에서 태어났다.

아버지 정태국과 어머니 정미하 씨 사이의 맏아들로 태어났으며 어머니가 연못에서 용이 승천하는 태몽을 꾸었다 해서 아명이 지룡(池龍)이었다.

1911년 대홍수로 집이 떠내려갔고 한의사였던 아버지의 한약재와 한약 도구가 떠내려가 가세가 기울어 어렵게 살게 되었다고 한다.

지용은 12세에 동갑내기 송재숙과 1913년에 영동군 심천면 초강리 처가에서 혼례를 올리고 1918년 지용이 나이 17세에 휘문고등보통학교에 입학했다. 이듬해 12월 《서광》 창간호에 유일한 소설 『삼인』을 발표했다.

1919년 3·1운동 때 교내 문제로 휘문사태 주동자가 되어 이선근과 함께 무기정학을 받아 1, 2학기 수업을 받지 못했다고 한다. 휘문고등보통학교를 졸업하고 교비 장학생에 선발되어 일본 동지사(同志社)대학 영문과에 입학해 1929년에 졸업했다.

정지용은 약속대로 귀국해 모교인 휘문고보 영어교사로 근무했다. 교사 시절에 지용은 늘 검정 두루마기를 입고 다녔는데 습관보다는 취향의 의미가 있었다.

검정 두루마기를 입었기 때문에 뒷모습만 보아도 정지용임을 알 수 있었다고 한다. 지용은 슬하에 3남 1녀를 두었다.

1930년 박용철 김영랑 이하윤 등과 같이 《시문학》 동인으로 활동했다. 해방 후에 휘문고보에서 직장을 《경향신문》 편집국장으로 옮기고 다시 이화여대 교수로 직장을 옮겼다. 지용은 독실한 가톨릭 신자였다.

1926년 《창조》지 창간호에 「카페 프란스」를 발표해 등단했다. 오장환 시인의 스승이며 구인회의 창립회원이기도 하다.
1939년 《문장》지의 추천 위원이 되어 청록파의 조지훈 박목월 박두진을 등단시켰으며 김종한 박남수도 등단시켰다.

1933년 《가톨릭 청년》지에 이상의 시 「꽃나무」를 추천해 등단시켰으며 좌익 문학단체에 가입해 조선 문학가 동맹 아동문학분과 위원장이 되었으나 문학 활동을 하지 않고 뜻이 맞지 않아 전향했으나 1942년 태평양전쟁 이후부터 붓을 꺾고 글을 쓰지 않았다.

정지용 시의 경향을 보면 몇 가지의 유형이 있다.

모더니즘 계열의 시, 가톨릭적 종교시, 그리고 전통 지향의 시도 많이 보이는데 지용은 선명한 이미지와 감각적인 시를 썼다. 한국 시인들이 고향을 노래한 시가 많지만 「향수」야말로 고향을 노래한 대표적인 시가 아닌가 여겨진다.

김기림은 "정지용은 시의 낭만주의 요소를 제거하고 시의 기술주의를 주장하며 시를 썼다"라고 평했다. 지용의 이미지즘의 시에서 시의 언어와 기술 면에서 남긴 업적은 한국 시사에 뚜렷하게 명시되어있다.

한국시에 현대적인 감각과 호흡을 불어넣은 시인이고 또한 대화의 어법을 시에 도입해 자연스러운 리듬을 조성했다.

정지용은 한국현대문학사에서 언어에 대한 자각을 특출하게 드러낸 시인으로 여겨진다.

1920년대 다수의 시인들이 감정의 과인 분출의 시를 썼다고 본다면 1930년대의 대표적인 시인으로 등장한 정지용은 다양한 감각적인 경험을 선명한 이미지로 절제된 언어로 시를 썼다는 평을 받는다.

감정을 서정적이 아닌 감각 화하는 시의 방법은 정지용만의 언어에 대한 자각에 의해 가능했던 것이다. 절제의 언어 구사가 정지용 시의 특성이며 서구 시의 수용으로 한국시에 이미지즘을 도입해 한국현대시의 선구자란 평을 받았는데 가톨릭 신앙을 바탕으로 한 종교적 시도 돋보인다.

시집 『백록담』은 그의 시 정신이 도달한 최상의 수준이라고 평한다. 1939년 4월에 발표한 『백록담』은 감각적 심상을 통해서 정신이 도달하는 고요의 공간으로 빚어냈고 표현의 시적 구성이 명징성을 드러냈다. 시인의 정신이 도달한 최상의 수준이라고 할 수 있다.

서구 시의 추종을 넘어서 우리 시의 전통에 근거한 산수 시의 세계를 현대어로 직조함으로써 한국시의 성숙도를 한층 더 높였다고 할 수 있다.

「향수」는 대중 가수 이동원과 테너 박인수가 노래로 불러 더욱 유명해진 작품이기도 하다. 「향수」가 노래로 된 데에는 일화가 있다.

이동원은 시 「향수」가 너무 마음에 들어 평소에 노래로 부르고 싶어 당시 최고 작곡가 김희갑 선생을 찾아갔다.

김희갑 선생은 이건 노래로 못 만든다고 이동원을 돌려보냈다. 시가 노랫말로 써진 게 아니라서 운율이 맞지 않아 곡을 붙일 수 없다고 했지만 이동원은 끈질기게 찾아가 간청했고 결국 김희갑이 그럼 해보자고 해 성사되었다고 한다.

김희갑은 희극배우 김희갑이 아니고 뮤지컬의 「명성황후」를 작사한 작곡한 김희갑이다.

또한 테너 박인수는 어느 날 이동원이 불쑥 전화를 걸어와서 「향수」를 같이 부를 수 없느냐고 제안했다고 한다.

박인수는 가사가 마음에 들어 부르게 되었다고 한다. 그러나 박인수는 대중 가수와 같이 불렀다고 해서 클래식을 모독했다는 죄목으로 국립오페라단에서 제명당하는 수모를 겪었다. 하지만 대중들은 이 노래를 좋아하게 되었다. 「향수」는 노래로 불리면서 더욱 세상에 알려지게 되었다.

정지용은 6·25동란이 일어나자 피난길에 오르지 못하고 서울에 머물고 있는데 설정식 등 여러 명의 젊은 좌익 제자들에 의해 정지용은 모시 고의적삼 차림으로 끌려 북한 정치보위부에 구금되어 서대문형무소에 수감되었다고 한다.

이때 정인택 김기림 박영희도 같이 수감되었다가 인민군이 후퇴하면서 북으로 끌려갔으며 평양 감옥에 수감되었다는 설이 있다. 그 후 고문을 당하고 폭격으로 사망했다는 설도 있으나 확인할 수 없었다.

한편 북한 시인 박산웅의 말에 의하면 정지용이 북으로 끌려가다 동두천 소요산에서 폭격으로 사망했다고 하나 그 사실도 단정할 수 없었다.

정지용은 스스로 월북한 게 아니었음에도 월북 시인으로 분류 되어 해금이 되기까지 가족들은 고통스러웠다고 한다.

1988년 정부에서 재검토한 결과 월북이 아니란 것이 확인되었지만 해금되기 전에는 정지용이란 이름을 쓸 수 없었다. 정지용의 시를 함부로 낭송할 수도 없었다. 그런 고통 속에서 살았던 부인 송재숙 씨도 70세를 일기로 1971년 4월 15일 별세했다. 정지용의 아들 구관(求寬)은 정보부의 감시로 떠돌아다녔다. 보따리 장사와 비닐공장도 하고 홍성군 광천의 석명광산을 운영하다가 재산을 다 날렸다. 아버지가 해금이 되자 구관 씨는 비로소 아버지의 작품과 자료를 수집하기 시작했다.

구관 씨는 남북 이산가족 상봉 신청을 했고 다행히 구관 씨는 북에 있는 동생과 만나게 되었다.

2006년 구관 씨(72)는 평양의 고려호텔에서 북에 사는 동생 구인(68)과 구원(66) 등을 만났지만 동생들은 아버지의 생사를 전연 모르고 있었다. 같이 산 게 아니고 떨어져 살았기 때문이었다. 이제 구관 씨가 돌아간 지도 오래되었다.

구관 씨의 아들 정운영(鄭運永)(57) 씨. 정지용의 손자는 산악도로용 자전거와 전기자전거를 판매하고 분해 수리하는 일을 하고 있다. 운영 씨는 "제가 문인의 길을 걸었다면 할아버지의 무게감이 컸을 테지만 문학을 안 하다 보니까 그런 무게감은 없다"고 했다.

또 88년 해금되기 전까지 정확히 할아버지가 누군지 알지 못했다고 했다. 학창 시절에 할아버지에 대해 알았다면 문학에 관심을 가졌을 텐데 아버지가 할아버지에 대해 일체 말이 없었는 데 그때까지 해금이 되지 않았기 때문이었다.

학창 시절에는 백일장에 나가서 상도 탔는데 아버지께서 절대로 글을 쓰지 말라고 했다고 한다. 차라리 그림을 그리라고 했다는 것이다. 해금이 되기 전에는 이따금 검은색 지프를 탄 사복 경찰이 종종 찾아와 괴로웠다고 했다.

1944년부터 3년 동안 은거했던 경기도 부천시 소사읍 소사본 2동 89-14번지가 정지용이 살던 집터로 밝혀졌다.

이곳에 정지용이 살았다는 사실은 구자룡 시인이 부천천주교사 자료를 수집하던 중에 밝혀지게 되었는데 정지용은 부천에서는 시를 쓰지 않고 대신에 소사성당 창립에 전염한 것으로 알려졌다.

정지용은 천주교에서 '프란치스코'라는 세례명을 받았다.

그는 기도문 번역에도 참여해 신앙생활에 전념했다. 정지용의 열성에 힘입어 현재의 소명여자중고등학교 도서관을 이용한 소사성당 첫 미사가 봉헌되었기 때문에 특히 정지용은 부천지역 교회사와 관련해 꼭 기억해야 할 인물이다.

부천 복사골문학회는 1993년 정지용 집터에 기념 표석을 세웠고 부천시는 부천중앙공원에 「향수」시비를 세웠다.

정지용은 유치환의 고향인 통영을 여행하면서 기행문 6편을 미륵산 정상에서 바라본 통영과 바다 풍경을 산문으로 남겼는데 그 일부를 여기에 소개한다.

> "통영과 한산도 일대 풍경의 자연미를 나는 문필로 묘사할 능력이 없다. 더욱이 한산섬을 중심으로 한려수도 일대의 충무공 대소전첩기를 이제 새삼스럽게 내가 기록해야 할만치 문헌이 부족한 것도 아니다. 우리가 미륵산 산봉에 올라 한려수도 일대를 부감할 때 특별히 통영 포구와 한산도 일 폭의 천연미는 다시 있을 수 없는 것이라 단언할 뿐이다.
>
> 이것은 만중 운산속의 천고의 절미한 호수로 보인다. 차라리 여기에서 흐르는 동서 지류가 한려수도는 커니와 남해 전체의 수역을 이룬 것 같다……."
>
> -「통영 5」중에서

필자는 오래전에 정지용 문학관이 있는 옥천을 여행했다.

옥천 정지용 문학관은 2005년에 개관했는데 문학관에 들어서면 「향수」의 노래가 들려와 분위기를 고조시킨다.

건물 앞뜰에는 정지용 밀랍 인형이 벤치에 앉아 방문객을 맞는다.

문학관에 들어서면 문학전시실, 문학체험 공간, 영상실, 문학 교실 등을 볼 수 있고 지용의 삶과 문학, 지용문학지도, 시와 산문집, 초간본 전시 코너로 문학전시관이 나온다. 영상실에는 정지용의 문학과 삶에 대한 다큐멘터리 영상을 상영한다.

옥천군은 정지용 동상과 물레방아 등 조형물이 있는 문학관 앞 작은 공원인 정지용의 생가에서 해마다 "지용제"를 지낸다. 충청북도가 선정한 최우수 문학축제로 선정되었다.

정지용의 생가는 구읍 사거리에서 수북 방향으로 청석교 건너에 위치하고 있으며 청석교 건너편에 「향수」를 새겨놓은 시비와 생가 안내판이 있는 곳에 이르면 「향수」의 시 서두를 장식하는 실개천이 흐른다.

그 모습은 변한지 오래되었지만 흐르는 물은 예전과 같이 맑기만 하다. 생가의 문은 항상 열려있다.

정지용의 아버지는 한의사였다. 한약방을 했으므로 한약방 가구(家具)가 있어 왠지 한약재 냄새가 풍기는 것 같은 느낌을 받았다.

여러 곳에 지용의 시를 걸어놓았고 방안에 질화로와 등잔도 있다. 두 개의 사립문, 부엌 옆의 돌절구, 나무절구와 공이도 있다. 뒤란의 장독대, 깨진 항아리 판자로 굴뚝을 만들었는데 굴뚝이 낮아 연기는 마당을 휘돌아나가게 되어있다.

이 생가를 한 바퀴 돌며 나는 정지용의 헛기침 소리가 들리는듯 했고 발자국 소리도 들리는 것 같은 착각에 빠지기도 했다. 정지용과 같은 해에 태어난 시인으로는 북에 있는 김소월이 있다.

김소월은 북의 시인, 정지용은 남의 시인. 또한 정지용과 윤동주는 같은 일본 도쿄의 동지사대학을 나왔다. 독실한 기독교 계통의 동지사 대학은 정지용과 윤동주를 기리며 교내에 시비를 세워주었다.

매년 5월 19일부터 21일까지 옥천서 열린 30회 <지용제>는 31년의 전통을 자랑하는 문학축제가 되었다. 정지용의 음력 생일인 5월 15일을 전후해 생가 일원에서 열리는 <지용제>는 청년들과 함께 '지용 詩' 창작가요제를 개최해 지용제와 지용의 시를 전국에 알리는데 옥천군이 예산을 아끼지 않고 노력해 왔다.

또한 2003년 7월부터 옥천군에서 정지용 시인을 홍보하기 위해 정지용 사이버문학관이 개관되었고 사이트로 발전시키기 위해 외국어 서비스도 시작했다.

정지용 시인의 안내 및 작품 안내, 생가와 문학관 등을 영어, 중국어, 일본어 등 3개 국어로 소개하는 일을 하고 있다.

명작에 얽힌, 시인들의 일화와 생애

김소월	박용래
김영랑	신석정
김현승	윤동주
서정주	황금찬
박두진	구 상

2부_

김소월

못잊어

못 잊어 생각이 나겠지요,
그런대로 한세상 지내시구려.
사노라면 잊힐 날 있으리다.

못 잊어 생각이 나겠지요,
그런대로 세월만 가라시구려,
못 잊어도 더러는 잊히오리다.

그러나 또 한껏 이렇지요,
'그리워 살뜰히 못 잊는데'
어쩌면 생각이 떠지나요.

사랑이라는 말의 프랑스 말은 아모르다.

'아'는 항거란 뜻이고 '모르'는 죽음이란 뜻이 담겨 있다고 한다.

그러니까 죽음과의 항거가 곧 사랑이란 말이 되고 사랑이란 살겠다는 뜻이 된다.

시인들의 이성 간의 사랑은 각별하다.

사랑하는 사람과의 운명적인 만남이 명작을 탄생시킨 경우가 많았다.

릴케와 루 살로메의 경우나, 닥터 지바고와 애인 라라의 경우도 그렇고, 만해 한용운의 '님의 침묵'도 여연화란 여인과의 만남이 작용했음을 부인할 수 없다.

이상의 연인 금홍이와 백석의 여인 나타샤를 더 말해 무엇 하겠는가. 또 못 잊어의 소월도 서울의 짧은 생활에서 만났던 여인과의 일화다.

「못 잊어」에 대한 일화는 김소월이 할아버지의 '금광덕대'로 생활의 여유가 생기면서 배재학당을 졸업하고 일본으로 건너가 공부를 더 하겠다는 데서 시작된다.

김소월은 배재학당을 졸업하고 곽산으로 돌아가 할아버지께 일본에 가서 공부를 더 하고 싶다고 여쭈었더니 할아버지는 문과는 안 된다고 했다. "그럼 상과로 가겠습니다." 그러자 할아버지의 대답이 "우리 집안이 망하는 줄 알았는데, 다시 일어서겠구나. 학비는 걱정 말고 공무에만 전념해라." 이리하여 김소월은 관부연락선을 타고 일본 땅을 밟았다.

그리고 도교대학 상과에 입학했다.

그러나 1년 후에 예기치 못한 할아버지의 편지를 받았다. 금광덕대가 일본인의 손으로 넘어갔으니 학비를 보낼 수 없다는 내용과 빨리 귀국하라는 것이었다. 일부에서는 일본 대지진으로 귀국했다는 설도 있다.

김소월은 관부연락선을 타고 부산에서 기차로 서울에 떨어졌고 차마 고향 곽산으로 갈 수 없어 서울에 머무르며 만난 사람이 '벙어리 삼룡'을 쓴 소설가 나도향이다. 나도향은 배재학당의 동창이었다. 또 김억 스승을 만났지만 번역할 자료를 받았을 뿐 직장을 구하진 못해 나도향과 매일 술타령만 했다.

김소월은 청진동에서 하숙을 했는데, 하숙집 주인이 젊은 며느리 과부였다. 김소월은 과부 며느리인 난심(蘭心)이와 사귀게 된다.

서울의 문인들은 소월을 알아주지도 않았는데 고향에서 소월의 아내 홍단실이 수소문해 청진동으로 찾아왔다. 할아버지가 위독하니 고향으로 돌아가자는 것이었다. 이리하여 서울 생활 4개월 만에 소월은 고향으로 귀향했다.

소월의 「못 잊어」는 조영암(趙靈巖)의 글에 의하면 서울에 두고온 며느리 과부 난심을 생각하며 쓴 시로 전해진다. 여기 또 하나의 일화를 든다면 소월은 14살 때 3살 위인 같은 마을의 오순이를 사랑했지만 첫사랑의 오순이와는 사랑이 이뤄지지 않았다. 할아버지가 정해둔 홍명희의 딸 홍단실과 결혼했다.

오순이도 다른 남자에게 시집을 갔는데 오순이의 남편은 의처증을 앓는 정신질환자였다.

결혼 일 년 만에 맞아 죽었다는 설이 있다.

「못 잊어」의 시가 오순이를 생각하고 쓴 것인지도 모른다는 일화도 있다.

한국 국민이 가장 사랑했던 소월 시인이 탄생한 지 100년

이 지났다. 하지만 지금까지 소월의 문학관이 없는 게 한국의 현실이오. 정부가 겨우 한 것이란 소월의 시집 『진달래꽃』을 문화재로 지정했다는 것뿐이다.

　한국의 한과 정서를 노래해 한국인의 마음속에 깊이 아로새겨진 김소월의 시를 생각할 때, 문학관이 없다는 것은 문학인들뿐만이 아니라 나라의 수치라 아니할 수 없다. 외국인들이 한국에 와서 김소월 문학관이 어디냐고 물을 때 부끄러움을 감출 수 없다. 김소월의 문학관이 추진되지 않은 것은 아니었다.

　김소월의 셋째 아들 김정호 씨가 6·25동란에 참전했다가 유엔군에 포로가 되었다. 한국군에 인계되어 거제도 포로수용소에 수감되었다가 반공포로로 석방되어 완행열차의 판매원으로 지내며 생계가 망막하여지자 미당 서정주 시인을 만났고, 미당은 박종화 소설가와 구상 시인에게도 연락을 해 1977년 당시 국회의장이었던 이효상에게 알려져 국회의 수위로 취직이 되었다. 생활 기반이 마련된 김정호는 소규모라도 아버지의 문학관을 세우겠다고 백방으로 노력을 했으나 아내가 병원에 입원하면서 병원비를 지불할 길이 없어 퇴직하게 되고 아내가 먼저 죽고 김정

호마저 사망하면서 김소월의 문학관은 물거품이 되고 말았다.

한국 문단의 현실은 실로 한심하다 아니할 수 없다.

김소월 시인의 발끝에도 미치지 못하는 생존 시인들이 문학관을 세우고 있다. 또한 김소월 문학관은 김포시가 김소월의 자료 1600여 점을 소유하고 있는 구자룡 시인과 계약을 체결해 애기봉에 세우기로 했었지만 언론 기사에 의하면 그마저 취소되었다는 참으로 안타까운 일이다. 문학관이란 사후에 작품의 평가를 받고 세워지는 것이 온당할 것이다.

김소월의 손녀 김은숙 씨가 아산 어디서 식당일을 하며 어렵게 산다는 얘기를 들은 지도 오래되었다. 손자 김영돈 씨도 부천 어디에서 산다고 하나 일체 언론에는 나타나지 않는다는데 소월의 시집을 팔아 치부한 출판사들은 양심마저 팔아버렸던가.

여기서 김소월의 사진에 대해 이야기를 해야겠다.

김소월의 이력에 나오는 사진은 사진이 아니라 초상화다.

우리 한국인들이 진정으로 사랑했던 김소월 시인. 그의 시를 읽고 베개를 적시지 않은 사람은 없을 것이다.

1990년 당시 문화부가 김소월을 9월의 문화 인물로 정했다. 당시 문화부 장관 이어령이 김소월 연구가 서지학자 김종옥 (당시 72) 씨를 불렀다. 김종옥 씨의 증언에 의하면 이어령 장관이 김종옥 씨를 불러 김소월의 초상화를 그려보자고 해 경남 거제 출신의 옥문성 화백과 당시 김소월의 아들 김정호와 김정호의 아들 김영돈을 불러 얼굴을 참작해서 그린 것이 오늘의 김소월 이력에 나오는 초상화가 된 것이다.
   북한에는 소월의 사진이 있을 것이나 수집할 수 없는 것이 너무 아쉽기만 하다.

   여기 김소월의 스승인 김억에게 보낸 편지를 올린다.
   시 「삼수갑산」 운의 시를 보낸 적도 있지만 처가살이 10년의 소회를 스승께 보낸 素月의 마지막 편지를 읽어보자.

> 마음 둘 데 없어
> -岸曙 金億 先生님에게
>
>   몇 해 만에 선생님의 수적(手跡)을 뵈오니 감개무량하옵니다. 그 후에 보내주신 책 '망우초(忘憂草)'는 재삼 피열(披閱) 하올 때

에, 바로 함께 있어 모시던 그 옛날이 눈앞에 방불하옴을 깨닫지 못하였습니다.

제망우초(題忘憂草)는 근심을 잊어버리란 망우초(忘憂草) 입니까? 잊자 하는 망우초입니까? 저의 생각 같아서는 이 마음 둘 데 없어 잊자 하니 망우초(忘憂草)라고 불렀으면 좋겠다고 생각하옵니다.

저 구성 와서 明年이면 십 년이 옵니다. 십 년도 이럭저럭 짧은 세월이란 모양 이옵니다. 산촌에 와서 십 년 있는 동안에 山川은 별로 변함이 없이 뵈어도, 인사는 아주 글러진 듯하옵니다. 세기는 저를 버리고 혼자 앞서서 달아난 것 같사옵니다. 독서도 아니 하고 습작도 아니 하고 사업도 아니 하고 그저 잡기 힘 드는 돈만 좀 놓아 보낸 모양입니다. 인제는 또 돈이 없으니 무엇을 하여야 하겠느냐는 하옵니다.

요전 호(號)《三千里》에 이러한 절구(絶句)가 있어서

"生也一片浮雲起 사야일편부운멸

浮雲自體本無質 生死去如亦如是 부운자체본무질 생사거여역여시"라 하였아옵니다.

저 지금 이렇게 생각하옵니다. 초조하지 말자고, 초조하지 말자고. 자고이래로 中秋明月을 일컬어 왔습니다. 오늘 밤 창 밖

> 에 달빛. 옛 소설에 어느 여자 다리 난간에 기대어 있어, 흐느껴 울며 또 죽음의 유혹에 박행한 신세를 소스라지게도 울던 그 달빛, 그 원색, 월색이 백주(白晝)와 지지 않게 밝사옵니다.
>
> 1934년 9월 21일 夜 門下生 金庭湜拜
> 1938년《三千里》 10월 호

　스승 김억 선생께 보낸 이 편지는 소월이 처가살이 십 년의 늪에서 빠져나오지 못한 채 누구에게 하소연할 수 없는 처지를 스승께 호소하는 형식으로 쓰여졌으며 소월이 죽기 석 달 전에 쓰여졌음을 알 수 있다.

　이 서간문은 소월이 남긴 유일한 서간문이며 일테면 그가 마지막 남긴 유서로 보아도 좋을 것이다.

김영랑

모란이 피기까지는

모란이 피기까지는
나는 아직 나의 봄을 기다리고 있을 테요
모란이 뚝뚝 떨어져 버린 날
나는 비로소 봄을 여읜 설움에 잠길 테요

오월 어느 날 그 무덥던 날
떨어져 누운 꽃잎마저 시들어버리고는
천지에 모란은 자취도 없어지고
뻗쳐오르던 내 보람 서운케 무너졌으니

모란이 지고 말면 그뿐
내 한 해는 다 가고 말아
삼백예순날 하냥 섭섭해 우옵네다

모란이 피기까지는
아직 나는 기다리고 있을 테요
찬란한 슬픔의 봄을

위의 시는 1934년 4월《文學》지 3호에 발표된 작품으로 1935년에 펴낸 시집 『영랑시집』에 수록된 작품이다. 이 작품이 수록된《文學》지는 고려대학교 도서관에 소장되어있다.

이 작품은 14행의 시로서 그가 즐겨 쓰던 영랑 시의 모범을 보여준다고 하겠다. 김소월이 「진달래꽃」을 통해서 한국인의 정한과 이별의 슬픔을 묘사하면서 한국인의 마음속에 한의 정서를 심어주었다고 본다면 김영랑은 '모란'을 봄의 상징물로 보면서 삶의 기대와 실망을 묘사했다고 볼 수 있겠다.

희망이 상실된 뒤의 절망을 느끼게 하면서도 '슬픔의 봄'을 다시 기다리게 하는 시인의 기대가 절망을 절망으로 여기지 않는다는 데 의미가 있다고 하겠다. 진달래와는 달리 '모란'은 화사한 꽃이다. 일명 목단(牧丹)이라고도 하며 화투에도 목단꽃이 있다.

모란이 피기까지는 설레는 봄을 기다렸으나 모란이 핀 시간은 오래가지 못하고 떨어지게 되면 봄을 떠나보낸 설움에 잠기는 심정은 우리가 겪었던 것과 다를 바가 없다. 모란이 져버리고 나면 한 해가 다 가고 다시 봄을 기다려야 하는 악순환이 이어진다. 그래서 봄은 찬란하지만 슬픈 봄이 된다.

조선 시대 이해조가 쓴 신소설 「목단병(牧丹屏)」은 갑오개혁 이후의 조선사회 체제가 와해되어가는 과정을 여주인공인 금선의 고난을 통하여 보여주는 소설이었다. 모란의 꽃말은 부귀영화를 말한다.

봄이 오면 모란이 피기를 기다리게 된다. 김영랑의 모란이 피기까지는 지구가 공전주기를 거쳐야 피게 된다. 365일이 소요된다. 모란이 피기를 바라던 기다림이 너무 컸지만 꽃은 오래 머물 생각이 없다.

아름다움은 오래가지 못하는 속성이 있듯이 모란이 뚝뚝 떨어지면 서운한 마음을 가눌 길이 없다. 기대가 큰 만큼 실망도 크다. 모란이 지고 만 것은 한 해가 다 가고 만 것이고 이런 섭섭함을 인간은 경험했다. 그러나 슬픔에만 잠겨 있을 수는 없는 것이다.

젊음은 아직 기다림이 있기 때문에 다시 찬란한 오월을 기다려야 한다. 지구가 공전으로 한 바퀴 돌아올 때까지 인내를 가지고 견디어야 한다. 기다림이 있기에 봄은 오는 것이다.

　기다림이 없는 삶은 봄이 와도 모란의 찬란함을 느끼지 못하는 삶이다. 김영랑은 모란을 통해서 봄을 인식했으며 기다림이 충족되었다가 오래 머물지 못하고 가는 아쉬움에 빠져든다. 사랑하는 사람도 오래 같이 머문다고 좋은 게 아니다.

　다음을 기약하고 헤어져 그리워하는 것도 서운하지만 새로운 만남의 여운을 남긴다. 이 모란의 시가 인간의 만남과 헤어짐을 상징적으로 묘사한 것으로 보인다.

　여기 「모란이 피기까지는」의 시는 어쩌면 세상에 알려지지 못하고 묻혀버릴 뻔하기도 했다.

　1930년대 어느 초봄. 시 창작대회에서 영랑이 모란을 보고 시를 썼지만 시가 마음에 들지 않아 공개하기도 전에 쓰레기통에 버렸다고 한다.

　그런데 춘원 이광수가 쓰레기통에 버린 것을 다시 주워 낭독해 큰 박수를 받고 살아났다고 전한다. 이런 것을 행운이라고 해야 할 것인가. 모란에 관한 하나의 일화가 있다.

모란은 향기가 없다고 알려져 있다.

신라 선덕여왕이 모란이 그려진 그림을 보고한 얘기다. 모란의 그림에 벌과 나비가 그려지지 않은 것을 보고 '이 꽃은 향기가 없다'고 해서 전해오는 이야기다.

신라 진평왕 때 당나라 태종이 붉은빛, 자줏빛, 흰빛의 모란꽃 그림과 꽃씨 석 되를 선물로 보내왔다고 한다. 진평왕이 내전에서 모란꽃을 보고 있을 때 만덕 공주가 말했다.

'꽃은 비록 아름다우나 향기가 없을 것입니다.'

만덕 공주의 말에 진평왕은 의아해서 만덕 공주에게 그걸 어찌 아느냐, 라고 물었다. '이 꽃을 보면 벌도 나비'도 없습니다. 대체로 꽃에 향기가 있으면 '벌과 나비'가 모이는 법입니다.
이 꽃 그림은 아름다우나 '벌과 나비'가 없는 걸 보아서 향기가 없는 게 분명합니다. 진평왕은 신하에게 꽃씨를 주며 뜰에 심도록 했다. 그 후 꽃이 피었으나 꽃에 향기가 나지 않았다. 이 만덕 공주가 후에 신라 27대 여성 통치자 선덕여왕이 되었다.

모란 이야기를 하다가 생각이 나서 쓴 이야기 한 토막이다.

> 돌담에 속삭이는 햇발같이
> 풀 아래 속삭이는 샘물같이
> 내 마음 고요히 고운 봄길 위에
> 오늘 하루 하늘을 우러르고 싶다.
>
> 새악시 볼에 떠오른 부끄럼같이
> 시의 가슴에 살포시 젖은 물결같이
> 보드레한 에메랄드 얇게 흐르는
> 실비단 하늘을 바라보고 싶다.
>
> -「돌담에 속삭이는 햇발」 전문

위의 「돌담에 속삭이는 햇발」은 1930년 《시문학》 제2호에 「내 마음 고요히 고흔 봄길 우에」로 발표되었으나 1935년 간행된 영랑시집에는 「돌담에 속삭이는 햇발」로 제목이 고쳐졌다.

김영랑의 위의 시를 보듯이 그의 한국적 정서의 아름다움은 가히 으뜸이라고 하겠다. 돌담의 햇살과 풀 아래 웃음 짓는 샘물과 같은 표현은 김영랑이 아니면 쓸 수 없는 표현이다.

그의 정서와 가락은 음악의 가사를 염두에 두고 쓴 듯한 감이 없지 않지만 새악시 볼의 부끄러움이나 시의 가슴에 젖는 물결 같은 표현이 그렇고 '실비단 하늘'도 영랑만의 것이다.

음악을 전공하려고 일본으로 갔던 영랑이었다.
비록 아버지의 반대로 음악을 전공하지는 못했으나 그의 시에 흐르는 음악성을 부인할 수는 없을 것이다. 이런 부드럽고 섬세한 표현이 김영랑 시의 장점으로 보인다. 위의 시는 곡이 붙어 노래가 되었다.

영랑 김윤식은 1903년 1월 16일 전남 강진군 남성리 221번지에서 강진의 500석 지주 김종호의 장남으로 태어났다. 강진보통학교(현 중앙초등학교)와 휘문의숙을 나왔다. 완고한 아버지가 음악을 좋아하는 영랑에게 음악을 하면 학비를 대주지 않겠다고 해 일본 도쿄 청산학원 중학부 영문과를 택했다. 그리고 아오야마 학원 영문과에 진학했다.

영랑은 1919년 3·1운동 때 휘문의숙에 재학했는데 독립선언문을 구두 안창 밑에 몰래 감추고 고향 강진으로 내려갔다.

독립운동을 주도하다가 독립선언문이 발각되어 대구교도소에서 6개월을 복역했다.

1920년 도쿄 유학 시절 혁명가며 무정부주의자인 박열과 같은 방에서 하숙을 했다. 1923년 9월에 관동대지진으로 학업을 중단하고 귀국해 강진에서 김현구, 차부진, 김길수, 등과 같이 《청구》라는 문학 동인지를 발간했다. 그 후에 박용철과 동인지 《시문학》 창간을 주도했으며 해방이 되어서 1948년에 국회의원 선거에 출마해 낙선하기도 했으며 강진에서 대한독립촉성국민회를 결성해 단장을 역임하기도 했다. 또 대한청년단 단장을 역임했다.

서울 성동구 신당동으로 이사를 해 살았으며 7개월간 공보처 출판국장으로 지내기도 했다.

김영랑은 14세에 장남의 조혼 풍습으로 강진읍 도원리 김 검사의 딸 16세의 김은하와 결혼했다. 영랑이 서울 유학 중에 아내가 위독하다는 소식을 접하고 강진 생가로 내려갔지만 아내는 이미 이승사람이 아니었다고 한다. 결혼한 지 1년이 조금 지나서 아내와 사별했다.

그 후 18세 때에 이화여전을 나와 그의 집에서 하숙하던 강진보통학교 여교사인 마재경과 열애에 빠졌으나 영랑이 일본 유학길에 오르자 사랑도 끝났다고 한다.

또한 김영랑은 숙명 여학교 2학년의 최승희와 1년여 간 사랑에 빠졌다고 한다. 그러나 후에 한국 무용계의 여왕이 된 그녀는 좌파 문인인 안막과 결혼해 월북했다.

최승희는 북한에서 교수로 지내며 최고의 유명세를 떨치다가 56세의 나이에 남로당 사건으로 숙청되었으며 2년 후에 사망한 것으로 전해진다.

영랑은 숙부의 중매로 개성 호수돈여고를 나와 교사로 근무하던 김귀련과 재혼하게 된다. 동아일보 사장인 송진우의 주례로 개성에서 결혼식을 올린 이들은 7남 3녀를 두었다.

영랑은 김소월 이후 우리말 구사에 가장 탁월한 능력을 보인 시인으로 평가된다. 그는 박용철과 같이 《시문학》을 주도해 카프 중심의 비문학적 정치색을 배격했고 20년대 중반부터 확산된 순수시의 세계를 지향하며 일체의 이념적이고 사회적 관심을 배격하고 오직 섬세한 언어로 아름다움과 정서를 추구하는 시를 썼다. 이는 개인의 내면세계에 빠져 시대를 외면했다는 비판을 받기도 했으나 소월과 함께 언어의 미의식을 바탕으로 한국적 정서를 중시했다는 평을 받았다.

그의 애수적인 시 경향은 일찍 아내와 사별한 원인도 있었다고 보인다.

영랑은 음악을 선호했으므로 그의 시가 음률에 치우친 것은 당연하다고 보이며 가장 향토적인 것이 한국적인 것이란 것을 증명한 셈이다. 고향인 남도의 정서가 물씬 배어있는 영랑은 강진 집의 사랑채에서 임방울, 이화중선, 이중선 등의 당대 최고의 소리꾼을 불러 소리 듣기를 좋아했다.

자연에 대한 애정, 슬픔이나 눈물의 용어가 시에 반복되며 마음의 내부로 향한 정감의 세계를 이룩했으며 여기 김영랑의 이해를 돕기 위해 그의 산문 「백의(白衣)」 일부를 올린다.

"백의민족이란 말이 어느 때부터 쓰여 졌는지 알 수 없으나 요새 와서는 많이 쓰여 지지도 않으려니와 또 누가 써본다 하더라도 그리 신통한 맛을 볼 수 없다. 우리 민족 표현 용어의 하나가 되고 말았다. 기미 독립 직후에 그 말이 유행되었고 또 그 말에서 부자연함을 느끼지도 않은 것은 아마 그 시대 감에서 그러했을 것이다. 자연히 절차만 있고 수천 년을 살아왔으니 백의(白衣)에 관한 애착이 생겼을 법도 하다.-(중략)

어느 날 S생과 서울에서 번화한 명동 지대에서 하필 소복에 눈이 부딪히고는 약속이나 한 듯 발을 멈추고 말았으니 그 옷감이며 맵시며 얼굴의 표정이며 어머니를 여의고도 벌써 몇 달이나 지났을 법한 스무 살은 넘었을 자매인 것을 알 수 있었다.

그 귀밑머리칼 흰 동정에서 시작되는 흰 저고리의 청초한 곡선, 그 아래 흰 버선, 흰 고무신, 구슬 손에 흔들리는 핸드백까지 한 점 흐림 없는 늦은 가을볕에 오직 한 쌍의 이 소복은 청승맞다 할지는 모르되 참으로 매력 있는 소복이었다.

내 눈에는 시골 산비탈 꼬부랑길이 아른아른 떠오르고 소복이 오르고 내리는 것이 선하게 보인다. 어쩌면 우리 산수(山水)와 같이 소복은 그렇게도 잘 어울리는 것인가. 하늘이 맑고 산천이 아름답고 원색(原色)인 소복이 잘 어울릴 수밖에 없다."

-(이하 생략)

-「백의」 일부

-1949년 2월 22일《연합신문》

김영랑의 위의 백의(白衣)에 대한 수상(隨想)을 보면 우리 선인들이 가장 선호했던 백의(白衣)에 대한 애착을 느낄 수 있으며 특히 소복한 여인들의 자태. 흰 저고리의 옷 선과 흰 버선에 흰 고무신을 신고 가는 여인의 모습에서 한국 여인들의 맵시를 표현한 글이 시적 감각을 느끼게 한다는 점일 것이다.

이것은 백의(白衣)민족을 거부할 수 없는 애착으로 보여 진다. 이처럼 영랑은 서구사상에 빠진 시인들과는 차별성을 가진다.

이런 점에서 김소월과 일맥상통하는 한국 정서의 아름다움을 보여주었다. 산문 「白衣」는 한국인이 선호했던 흰옷에 대한 아름다움과 멋과 맵시를 잘 표현한 글이고 또한 시적 정감이 흐르는 글로 짜여있다고 하겠다.

영랑은 이상화나 이육사, 그리고 심훈처럼 직설적인 저항시를 쓰지는 않았다. 하지만 그의 생애는 위의 시인들 못지않게 저항정신이 투철했던 시인이었다.

만해와 윤동주처럼 부드러운 언어로 시를 썼으면서도 시의 내부에 흐르는 정서는 부드러움 속에 강한 의식의 강이 흐르고 있었던 것이다. 지나치게 확대 해석할 것은 아니지만 부드러움 속에 강직함이 있었다.

강진의 김영랑 생가는 국가가 중요민속자료 제252호로 지정되었다. 1903년에 태어나 1948년 9월에 가족과 함께 서울로 이주하기까지 45년간 살았던 집으로 생가는 시의 소재가 되었던 '모란과 우물, 동백나무, 장독대, 감나무' 등이 고스란히 남아 있다. 안채 오른쪽에 있는 우물은 「마당 앞 맑은 샘물」이라는 시의 소재가 되었다.

은행나무도 있고 돌담에는 담쟁이 넝쿨이 옷을 입고 있다.

그의 수필 「두견과 종다리」에서 영랑은 "광복을 맞이했지만 오! 친구야, 현실은 무섭고 괴롭도다. 이 세태에 태어난 불쌍한 천재들이 허덕이다 못해 모조리 변통하지 않았더냐.

사람으로 살려면 오로지 떳떳해야 하고, 그러려니 현실이 아프고 그대 우리는 어린 자식들을 두고 차마 눈을 못 감고 가는 게지…"라고 탄식했다.

이 글은 일일이 거명하지는 못하지만 일제강점기에 많은 문인들이 지조를 지키지 못하고 변절한 것에 대한 영랑의 탄식이다. 변절한 자들은 좋은 적산가옥에서 좋은 음식을 먹으며 잘살았던 것이다. 위의 글에서 영랑의 굳은 의지를 느낄 수 있다.

    김영랑은 올해 3.1 독립운동 100주년을 맞아 정부로부터 건국포장이 수여되었다. 영랑의 막내딸 김애란(75세)과 손녀 김혜경이 김영랑이 돌아간 지 68년 만에 항일독립유공자로 건국포장을 받은 것이다.
    전남 강진군과 영랑기념사업회는 김영랑의 시 정신과 민족혼을 기리기 위해 해마다 28일과 29일까지 영랑생가 일원에서 영랑문학제 및 세계모란페스티벌을 개최한다.
    영랑문학제 및 세계모란 페스티벌은 목포에서 활동 중인 영랑관련 총체극으로 막을 올린다.
    '영랑문학상' 시상식에 이어 전남도립국악단의 창극 「모란이 피기까지는」 청자 전시 판매, 모란 화분 전시 및 판매, 차와 시의 어울림, 아나바다, 영랑시집 기념품 등 다채로운 행사를 진행한다.
    첫날 28일 오후 4시에 '세계모란공원' 개장식이 '세계모란

공원' 현장에서 열리며 영랑 생가 앞에서는 '영랑문학상' 시상식이 열린다. 이와 함께 극단 <갯돌>이 영랑의 시 세계를 몸짓으로 표현한 1930년대 총체극으로 선보인다.

오후 5시 영랑문학제 개막식엔 전남도립공연단의 창극「모란이 피기까지는」뮤지컬 소프라노 정수경의 선율로 영랑생가는 영랑의 감성으로 물들이게 한다.

29일은 전국영랑백일장과 전국 시낭송대회가 영랑생가 일원에서 강진 군민들의 자긍심을 심어주는 행사로 진행된다.

김영랑은 1950년 6.25때 피난길에 올랐으나 한강 다리가 끊어져 피난길에 오르지 못하고 서울에서 숨어 살았으나 수복을 앞두고 치열한 전투 때 복부에 포탄 파편을 맞아 9월 29일 48세로 작고했다.

유해는 남산 기슭에 가매장했다가 1954년 11월 망우리 공동묘지로 이장했다.

김현승

가을의 기도

가을에는
기도하게 하소서
낙엽(落葉)들이 지는 때를 기다려 내게 주신
겸허(謙虛)한 모국어(母國語)로 나를 채우소서

가을에는
사랑하게 하소서
오직 한 사람을 택하게 하소서.
가장 아름다운 열매를 위하여 이 비옥(肥沃)한
시간(時間)을 가꾸게 하소서.

가을에는
홀로 있게 하소서
나의 영혼,
굽이치는 바다와
백합(百合)의 골짜기를 지나,
마른 나뭇가지 위에 다다른 까마귀같이.

김현승의 대표작인 「가을의 기도」는 1956년 《문학예술》 4월호에 발표되었다. 또한 그의 첫 시집인 『김현승 시초』에 수록되었다.

1991년 미래사에서 김현승의 시선집을 내면서 시선집의 표제로 삼은 것으로 보아 김현승 자신이 대표작으로 여긴 것으로 추측된다.

이 시의 요체는 기도와 사랑과 홀로 있는 고독을 노래했다.

낙엽이 질 때 내게 모국어를 안겨주기를 바란 시인의 염원이 우리를 겸허하게 만든다.

외래어가 범람하는 오늘의 시점에서 모국어를 사랑한 김현승의 가을은 비록 종교인이 아니라도 하늘과 땅에 대한 감사의 뜻을 두 손 모아 경배하지 않을 수 없게 만든다.

기도란 말은 어떤 힘 있는 절대자에게 소원을 비는 것을 말한다.

내게 안겨준 모국어로 소원을 비는 것은 가을의 풍요를 바라기도 하지만 영혼이 맑아지고 마음의 풍요도 기원했으리라.

다음은 사랑에 대한 지극함이다.

사랑에 대한 대상이 누구든 오직 한 사람을 택하라는 지적이다.

오늘날 불륜의 사랑이 진정한 사랑인 것처럼 여겨진 현실을 생각하면 김현승의 사랑은 차원이 다른 사랑으로 보인다. 이 사랑은 아름다운 열매가 익어가는 가을의 비옥한 시간을 가꾸게 해주기를 바라는 마음에 있는 것이다.

한 사람을 사랑할 뿐만이 아니라 나를 둘러싼 자연 모두를 사랑하라는 뜻으로 인간과 자연에 대한 사랑을 동일하게 본 것 같다.

세 번째의 염원은 홀로 있게 해달라는 것이다.

사색과 명상은 홀로 있을 때 가능하다고 보았다. 이 고독의 시인이 가장 소중하게 여겼던 혼자만의 시간을 택하게 해달라는 요구는 생각하는 시간을 얻기 위함일 것이다.

굽이치는 바다의 험난한 인생길을 걸어온 외로운 영혼은 마른나무 가지로 상징되고 무욕의 경지에 이르기를 소망하면서 까마귀 한 마리로 가을의 기도는 막을 내린다.

문득 미당 서정주의 시구(詩句)가 떠오른다.

"초록이 지쳐서 단풍 드는데…" 이 시의 구절은 미당의 전매 특허지만, 어느 평자는 신(神)이 하사한 시구를 미당이 옮겼을 뿐이라고 했다. 초록이 지치면 단풍으로 변한다는 이 시의 구절에서 가을의 문턱에 발을 올려놓게 된다.

릴케가 쓴 가을의 시도 좋다 하지만, 김현승의 「가을의 기도」는 모국어로 쓴 시로서 그 고귀함을 간직하며 가을은 모국어가 그리운 계절이므로 모국어로 나를 채워주기를 기도하는 시인의 마음이 김현승 시인뿐만은 아닐 것이다.

사색과 명상은 홀로 있지 않으면 불가능하다.

한 줄의 시구를 얻을 수 있는 것도 홀로 있을 때 가능하다고 본다. 어떤 절대자를 위해 기도하고 누구를 사랑하고 고독하게 혼자 있는 몸가짐은 나를 발견하는 것이고 자신의 사상을 정서화하는 것이고. 시의 그릇에 자신의 마음을 담는 것이다.

김현승은 1913년 4월 4일 평양에서 6남매 중 차남으로 기독교 장로교 목사인 아버지 김창국과 어머니 양응도 사이에서 출생했다.

그는 평양에서 월남해 아버지의 목회지인 제주에서 유년 시절을 보내다가 7세에 전남 광주의 양평동에 정착한다.

기독교 계통의 숭인학교와 평양숭실학교 졸업. 숭실전문학교 3년 수료. 그 후 1936년 모교인 숭일학교 교사, 조선대학교 교수. 문리대학장. 숭전대학교 교수를 지냈으며 광주에서 계간지 《신문학》을 6호까지 발간했는데 무등산을 바라보며 시심을 키웠다고 한다.

1934년에 「쓸쓸한 저녁이 올 때 당신들은」 「어린 새벽은 우리를 찾아온다고 합니다」 등 비교적 긴 제목의 시가 양주동의 추천으로 《동아일보》에 발표하면서 문단에 등단했다.

김현승은 특히 커피를 즐겨서 호를 다형(茶兄)이라고 했으며 귀인이 찾아오면 원두커피를 손수 끓여 대접했다고 한다. 한국문인협회 부이사장을 역임했다.

언젠가 김현승을 기리는 학술 문학제에서의 일이다.

김현승의 제자인 이근배 시인은 회고에서 조선대와 숭실대에서 제자들과 생활하던 모습과 수제자였던 이성부 시인에 대한 회고담을 말했고, 김현승의 막내 따님이 아버지의 생전 모습을 이야기했다고 한다.

커피를 여간 좋아하지 않아서 늘 양림동 다방을 순회했고 요즘 말하는 커피 바리스타(전문적으로 커피 만드는 사람)들의 수준을 넘어설 정도로 커피에 대한 전문적인 교양을 담은 글도 많이 남겼다는 일화를 전했다.

김현승은 광주에서 가장 좋아하던 수피아여고 뒷산과 조선대학교 교정의 숲길을 걸으며 사색에 잠기고 또 자신의 시를 소리 내어 읽기를 좋아했다고 한다.

특히 김현승은 미당 서정주와 조선대학교 국문과 교수로서의 인연이 있어 남다른 친분이 있었다고 한다.

여기 김현승과 특별히 친분이 있었던 임보 시인이 김현승과 겪은 일화를 소개할까 한다. 임보 시인이 김현승을 만난 것은 고등학교 2학년 때라 한다.

광주의 모 신문사가 주관하는 학생 문예 작품 모집에 시가 당선되었는데, 그때의 심사위원이 조선대학교 교수였던 김현승이다. 그런 인연으로 나는 김현승의 집에 가끔 드나들었는데 광주 양림동의 넓은 뜰을 가진 한옥이 지금도 눈에 선하다.

시에 대한 말을 기대하면서 찾아가지만 김현승은 별말이 없었다고 한다.

내가 서울의 대학에 진학한 1958년도 무렵 김현승도 모교인 숭실대학으로 옮겨오면서 수색에 자리 잡았던 것으로 기억하는 데 20여 평의 조그마한 반 양옥집으로 그의 조촐한 방엔 손수 끓인 원두커피의 향기가 늘 가득했고 건넛방에선 서툰 피아노 소리가 들리곤 했는데 부인께서 피아노 레슨을 하며 가계를 돕는다는 사실을 나중에 알았다.

기독교 집안이기도 하지만 술과 담배를 거의 하지 않는 청교도적인 청정한 삶을 살았다고 한다.

김현승의 성품은 대쪽같이 강직했다.

옳다고 생각하면 뜻을 굽히는 법이 없었고 적당히 타협할 줄 몰랐다. 그래서 주위 사람들은 함부로 김현승을 대하지 못했다고 한다. 한 번은 무슨 연유에선지 조연현 평론가와 의견 충돌이 있었는데 당시 조연현 평론가는 《현대문학》 주간으로 문단에서 막강한 힘을 가진 분이었다.

　김현승이 《현대문학》 추천위원의 자리를 내동댕이치면서 그와 싸운 일은 유명한 일화다.

　제1회 시인협회상이 그에게 주어졌을 때 김현승은 수상을 거부했다. 무슨 일로 그랬는지는 알 수 없지만, 아마도 그 상이 자신에게 적절치 못하다고 판단했기 때문이리라. 상을 타기 위해서 별 로비를 다 벌이고 작품을 발표하기 위해서 문예지의 주간을 신주 모시듯 하는 문단 풍토에서 본다면 김현승의 그 기개는 가히 지사다운 것이었다.

　선비의 맑은 자존심을 고수한 그런 시인을 오늘날 쉽게 만날 수 없음이 아쉽기만 하다.

　김현승은 신문사나 잡지사 등에서 청탁한 원고를 찾으러 오면 원고를 넘겨주기 전에 반드시 묻는다. "고료를 가져왔는가?" 만약 원고료 준비가 안 되었다고 하면 원고를 건네주지 않고 돌려보냈다고 한다.

　다른 상품들을 사는 경우엔 현금 거래를 하면서 왜 시는 외상이어야 하는가. 김현승은 심혈을 기울여 쓴 작품이 시중의 상품보다 소홀히 대접한다는 것은 참을 수 없는 모욕이고 시인은 스스로 자신의 작품에 대한 권위를 지켜야 한다는 것이 그가 자신의 시를 사랑하는 증거이다.

오늘날 만약 김현승이 살아있어서 고료는커녕 작품 발표만이라도 해주기를 바라는 시인들을 본다면 어떻게 생각할까? 어쩌면 시인이라고 이름 불리는 걸 거부할지도 모르는 그런 김현승에게도 인간미가 넘치는 면이 있었다.

그가 세상을 떠나기 이태 전쯤 정초에 제자들이 찾아갔을 때다.

"세상에 이렇게 재미있는 것이 있는 줄 몰랐단 말이여"

김현승이 화투와 담요를 내놓으며 하는 말이다.

두 장의 패만을 가지고 겨루는 "섯다"란 놀음이 당시 유행이었는데 그것에 재미가 푹 들었다고 하는 김현승의 시 한 편 올려본다

> 고독은 정직하다
> 고독은 신을 만들지 않고
> 고독은 무한의 누룩으로
> 부풀지 않는다

> 고독은 자유다
> 고독은 군중 속에 갇히지 않고
> 고독은 군중의 술을 마시지도 않는다
>
> 고독은 마침내 목적이다
> 고독하지 않는 사람에게도
> 고독은 목적 밖의 목적이다
> 목적 위의 목적이다
>
> — 김현승의 「고독한 이유」 전문

김현승을 일러 "고독의 시인"이라고 부른다.

무수한 고독의 시를 썼으며 고독을 주제로 한 시집 『견고한 고독』 『절대 고독』이란 시집을 낸 것을 보더라도 그가 고독에 얼마나 심취했던가를 짐작할 수 있다. 고독(孤獨)이란 흔히 부모 없는 아이나 독거노인을 고독으로 본다.

김현승은 고독을 통해서 자신의 존재를 증명하려고 했다.

고독과 죽음. 어느 것이 내성이 더 강한가. 그것은 사람에 따라 다르지만 배고프고 물질의 부족으로 고독사에 이르는 게 아니다. 고독을 이겨내는 내성을 기르지 못하면 고독사에 이를 수 있다.

　김현승은 고독을 즐기고 사랑하는 법을 터득했다.

　사색과 명상을 통해서 고독을 이겨내고 도리어 고독을 활용해 자신의 사상을 시로 승화했다고 볼 수 있다.

　고독을 이겨내지 못한 사람들은 비관주의에 빠지게 된다. "세상은 살 가치가 없다. 허무한 것이다." 이런 염세사상에 빠지면 인생을 비관하게 된다.

　고독이 저만치 앞서가다가 죽음이란 놈이 고독의 눈치를 채고 앞질러 가게 되면 사람들은 죽음이 만만한 놈이 아님을 알게 된다. 그러나 그때는 이미 때가 늦어 손쓸 수 없다. 하지만 김현승의 고독은 비관적이 아니고 낙관적이다. 그의 고독은 정직하다. 신을 만들지도 않는다. 그의 고독은 자유스럽다.

　어떤 사람들은 군중 속의 고독을 말하지만 김현승의 고독은 군중 속의 고독을 거부하고 술을 마시고 나태하지도 않는 고독으로 보인다.

　그의 고독한 이유는 낙관적인 목적이 있다. 아무 목적도 없는 고독은 불안한 것이지만 마음 밑바닥에 낙관하는 고독이 있기 때문에 고독을 지기(知己)로 여기고 불안의 삶을 거부한 채 고독의 시인으로 살아왔다.

　　김현승의 시의 특징은 한국시인 중에서 기독교인으로서 성경을 인용한 시가 많다는 것이다. 이것은 긍정적이든 부정적이든 간에 그 이유를 떠나서 그렇다는 것이다. 성경을 인용한 시가 많다는 것은 종교인으로서 당연한 일로 여겨진다.
　　그런데 가령 미당 서정주의 경우를 보면 불교도였지만 미당의 시에 불교의 교리를 인용한 시가 보이지 않는다. 그러면서도 미당의 시는 불교적 향기가 은연중에 배어있는 것을 느끼게 된다. 겉으로 드러내지 않으면서도 내부에 스며있다. 김현승과 대조적이라 하겠다.
　　여기서 그 장단점을 애기하려는 것은 아니다.

　　김현승 시의 특징은 신과의 관계다.
　　신과의 관계는 고독으로 나타난다. 그가 의지했던 믿음이 신에 의지하는 고독이다. 그의 고독은 긍정적인 구원의 고독으로 나타난다. 또 하나 시의 특징은 절제된 언어다. 추상적 관념을 사물화하거나 구체적 사물을 관념화했다.

그의 시는 조소성과 명징함에 있다. 후기로 오면서 신에 대한 회의. 인간적 고독은 시의 주제로 줄기차게 추구했다,

김현승은 아직 문학관이 없다.

그의 출생지는 평양이지만 문학관이 세워진다면 그가 오래 살았던 광주에 세워지는 것이 타당하리라고 보이나 그가 말년에 교수로 근무한 서울 숭실대학교에 세워지는 것도 합리적이라 생각 된다.

광주시는 광주 남구 양림동에 김현승 문학관을 가칭 "한국 참외박물관"이란 이름으로 건립하겠다고 밝혔다. 김현승이 양림동에서 생활한 것을 감안해서 그의 체취가 어린 곳에 문학관을 세우기로 계획 중이라고 한다.

양림동에 참외가 많이 재배된 것을 감안해서 "한국 참외박물관"이라 이름을 짓고 시민에게 제공한다는 뜻을 담고 있다.

그러나 아직 문학관을 세울 예산을 확보하지 못한 것이 아쉽다.

그의 시비는 무등산 국립공원에 "눈물"의 시비가 있다.

양림 동산에는 「가을의 기도」 시비가 있다. 그리고 호남신

학대학에 펜촉 모양의 시비「벤치에서」가 있다.

그의 시집에는 『김현승 시초』 『옹호자의 노래』 『견고한 고독』 『절대고독』 『마지막 지상에서』 『김현승 전집』 등이 있다.

다형(茶兄) 김현승은 62세 되던 1972년 봄 대학의 강당에서 예배를 보던 중에 의자에 앉은 채로 조용히 영면했다고 한다. 「가을의 기도」를 받아드린 신(神)이 배려해 준 것일까. 그의 성품처럼 맑고 곧은 죽음이었다.

이승과 궁합이 잘 맞지 않아 하늘이 일찍 데려간 것이 조금 아쉬울 뿐이다.

서정주 — 푸르른 날

눈이 부시게 푸르른 날은
그리운 사람을 그리워하자.

저기 저기 저 가을 꽃자리
초록이 지쳐 단풍 드는데

눈이 내리면 어이하리래
봄이 또 오면 어이하리야

내가 죽고서 네가 산다면
네가 죽고서 내가 산다면

눈이 부시게 푸르른 날은
그리운 사람을 그리워하자.

미당 서정주의 시는 어느 시를 막론하고 명작이 아닌 시가 없다.

한국 문학사에서 미당은 신(神)과 같은 존재다.

여기 「푸르른 날」은 소품 같지만, 결코 소품이 아니다. 그의 대표작의 하나로 꼽히며 미당 자신 「푸르른 날」을 대표작이라고 여겼고 한다.

눈이 부신 푸르른 날에는 그리운 사람을 그리워하자고 부추기는 이 시의 진술은 그리운 사람이 누구라고 지적하지 않음으로써 모든 대상을 포용하는 것이다.

꽃자리에 여름 한 철은 가고 초록이 지쳐 단풍 든다고 했다.

이 시적 감동인 '초록이 지쳐 단풍 드는데'란 표현은 어느 평론가의 말대로 신(神)이 하사한 절구가 아닌가 한다. 신이 하사한 시구를 미당은 옮겨 썼을 뿐이라는 말이 적절할 것 같다.

눈이 내리는 겨울이 오고 다시 봄이 온다고 해도 그것을 인간의 힘으로 어찌할 수 없는 게 자연의 신비다. 자연의 섭리를 인간은 받아들일 수밖에 없는 것이다.

그 과정에서 내가 죽고 네가 살 수도 있고, 네가 죽고 내가 살 수도 있는 운명적 관계를 노래한다. 눈부시게 푸르른 날은 우리가 사람을 그리워하고 사랑해야 한다는 당위성을 「푸르른 날」은 가르쳐준다.

이런 의미에서 「푸르른 날」의 시를 통해 미당은 인간 생명의 귀중함을 표현했으며 푸르른 날은 생명이 숨 쉬는 날이다. 역설적으로 말하면 사람을 그리워할 수밖에 없는 날이 푸르른 날이 되는 것이다. 인간에 대한 사랑의 시를 미당은 스스로 생명파(生命派)라고 자인하기도 했다. 생명파는 인생파와도 상통한다.

이 짧은 시를 대표작의 하나로 보는 것은 생명의 고귀함을 노래했다는 데 있을 것이다. 어느 독자는 그리운 사람이 누구를 말하는 것인가. 그런 의문을 품는데, 그것은 한정된 사람이 아니고 누구나 해당되는 것이라고 봐야 한다.
가령 만해 한용운의 임이 한정되어있지 않는 것과 같은 맥락으로 생각하면 될 것이다. 사랑하는 연인이 될 수도 있고 부모형제나 아직 만나보지 못한 미지의 사람. 그런 그리움이 될 수도 있을 것이다. 그래서 평론가들은 미당 시인을 생명파 시인으로 부르는 데 주저하지 않았다.

　전자에 말했거니와 미당 스스로가 그렇게 인정하지 않았던가. 생명을 중요시하는 것은 사랑이 전제된다. 사람을 그리워한다는 것은 생명을 그리워하는 것이고 생명은 사랑이 바탕을 이룬다. 「푸르른 날은」 초록의 날이다. 초록은 생명이 살아있는 것을 의미한다.

　이 시는 독자들이 다 아는 것처럼 특별한 수사나 기교를 부리지 않은 시다. 미당 특유의 언어 리듬을 살렸다. 시 속에 그리운 사람에 대한 간절함을 말하되 기교와 은유를 배제하고 율격과 리듬을 살려 우리 언어의 아름다움을 높은 경지에 이르게 한 시로 평가를 받는다.

　어느 날 대중가수 송창식이 「푸르른 날」의 시가 너무 마음에 들어 미당 시인의 집을 찾아갔다고 한다.

　'선생님, 「푸르른 날」의 시가 좋아서 제가 작곡을 해 노래로 부르고 싶습니다.' 그렇게 말했으나 미당은 아무 응답을 보이지 않았다고 했다.

　그래서 송창식이 너무 무안해서 그냥 돌아왔는데, 집에 와서 아무리 생각해도 마음이 찜찜해 어느 날 다시 미당 시인을 찾아가서 재차 허락해 주길 간청했다는 것이다. 송창식이 하도 간청하니까 미당이 마지못해 송창식을 바라보면서 '그럼 그렇게 하도록 해라' 이렇게 허락을 받아내어 작곡을 했는데 그게 1974년이었다. 이런 시련을 거쳐서 노래로 부르게 된 것이 「푸르른 날」이다.

한때 송창식이 TV에 나와 많이 불렀고 대중들의 인기곡이 된 노래였다. 대체로 작고 시인들의 명시엔 곡이 붙여져 노래가 되었다. 1983년 「푸르른 날」은 KBS 제1회 가사 대상을 수상했다.

「푸르른 날」은 1948년에 출판한 시집 『귀촉도』에 수록된 작품이다.

여기서 우리가 의문되는 것은 왜 미당이 송창식의 제의에 선뜻 응하지 않다가 하도 간청하니까 마지못해서 허락했는가? 하는 점이다. 그 진의를 잘은 모르겠으나 미당이 혹시 소프라노 가수나 테너 가수가 불러서 가곡이 되어야 하는데, 가곡이 아닌 대중가요가 되는 것이 못마땅했던 것은 아닌지 그런 생각을 하게 된다.

예를 들면 「국화 옆에서」는 작곡을 이호섭이 했고 테너 가수 엄정행이 불러 한국 가곡 40곡 안에 들어있다. 이런 점은 미당이 살아있으면 물어볼 수 있지만 돌아갔으니 다만 우리가 추측할 뿐이다.

미당은 전북 고창군 부안면 선운리 출생이다.
선운리는 동쪽 남쪽 북쪽의 삼면이 산으로 둘러싸이고 서쪽만 서해를 향해 트인 곳. 선운사가 있는 소요산(逍遙山)의 고개 이름을 빌려 질마재라 부른다. 서쪽은 변산반도를 감아 도는 갯벌에 이른다.

미당은 1915년 5월 18일 선운리 578번지서 출생했다.
서광한(徐光漢)의 장남으로 태어나 도박꾼이었던 미당의 할아버지가 빚을 남기고 떠나자 불우한 처지가 되었다 한다.
본관은 달성(達成). 호는 미당(未堂) 또는 궁발(窮髮)이다.

선천적으로 탁월한 시적(詩的) 자질과 왕성한 작품으로 해방 전후를 통틀어 한국문학에 지대한 영향을 끼쳤다.

1933년 겨울. 개운사에서 영호당 스님 밑에서 수학했으며 전북 부안줄포보통학교 졸업. 전북 고창고등보통학교 중퇴. 1936년 경성 중앙불교전문학교를 중퇴하고 같은 해에 《동아일보》 신춘문예에 「벽」이 당선되어 문단에 등단했다.

1936년 미당은 함형수 오장환 김광균 김동리 등과 《시인부락(詩人部落)》을 창간하고 동인 활동을 했다. 해방 후에는 좌익계열의 조선 문학가 동맹과 대결했다.

미당은 서라벌예대와 동국대학교에서 오랫동안 교수를 역임하며 후학 양성에 힘썼으며 대한민국문학상 대한민국예술상 5, 16 민족상 자유문학상 정부에서 금관문화훈장이 추서되었다. 미당에 대한 흥미로운 일화 하나를 올린다.

> 《시인부락》 동인 시절이었다. 김동리와 친하게 지냈던 때였다. 하루는 김동리가 시를 써서 미당에게 들렸다. 김동리가 쓴

시에 "꽃이 피면 벙어리도 우는 것을"이란 시구가 있었다. 그 구절을 듣고 미당은 너무도 마음에 들어 절창이라며 무릎을 탁 쳤다고 한다. 그랬더니 김동리가 미당의 얼굴을 빤히 쳐다보면서 하는 말이 이 사람아, "꽃이 피면이 아니라 꼬집히면 이야"라고 말하는 것이었다. 즉 동리가 "꼬집히면 벙어리도 우는 것을"라고 쓴 것을 미당은 "꽃이 피면 벙어리도 우는 것을"이라고 들었던 것이다. 웃음이 절로 날 일이었다.

미당은 후에 그때의 일을 회상하면서 동리를 보고하는 말이 "그래서 자네는 소설 쪽으로 가야 하네"라고 응수했다고 한다. "꼬집히면 벙어리도 우는 것을"이라면 시가 아닌 산문이 되지만 "꽃이 피면 벙어리도 우는 것을"이라면 훌륭한 시가 된다고 보았던 미당의 안목이 더욱 돋보이는 대목이었다. 여기서 미당은 시와 산문의 차이를 김동리에게 일깨워준 셈이다. 그래서 동리가 소설을 쓴 것은 아니겠지만, 김동리는 소설가가 되었다는 얘기다. 참으로 일화치고는 감칠맛 나는 일화다.

-최일남이 만난 사람들 중 「서정주 시인의 안 잊히는 날들」
1983년 《신동아》 3월 호.

동국대학교는 한국 근대불교의 가장 위기의 시대에 대한 대처가 점차 흐려져 가는 즈음에 이를 증언하는 미당 시인의 목소리가 여간 귀하지 않다고 평했다.

동국대학교는 미당에게 100주년 기념 시를 부탁하면서 돌아가실 것을 대비해 미리 부탁하는 것 같아 송구스럽다고 했다.

미당은 100주년을 맞아 써도 될 텐데 벌써 부탁한다고 하면서 웃었다고 한다. 동국대학은 미당이 쓴 100주년 기념 시를 10년간 보관해 왔다. 그 시를 타임캡슐에 넣어서 미래의 100년 뒤에 공개할 것으로 예정되어있다.

축시는 원고지 5장 분량으로 모두 6연 32행이다.

미당은 모교 100년사를 한국 현대사 100년과 함께 서술했다. 미당은 "내가 직접 100주년 행사 때 축시를 낭송하겠다."고 말했지만 그건 공언(空言)이었다.

이 축시에는 후학에게 민족자존과 정의로운 정신을 일깨워 주는 미당의 모교 사랑과 역사의식이 고스란히 담겨있다.

동국대학교 개교 100주년 기념 시

국선 화랑도와 불교의 원만한 통합 정신을 이어받아서

신라의 삼국통일의 힘을 그대로 계승해서
"햇빛 밝은 동쪽의 아침 나라"라는 뜻으로
동국대학교라는 이름을 지녀 내려온
우리의 떳떳한 교육의 전당이여!

1910년 엉터리 일본제국의 강압으로
못난 이 왕조는 일본에 합병되어 버렸지만
일본불교 조동종이 우리 불교까지를 합병하려 하자
우리의 박한영, 한용운 스님은 나서서 맹렬히 반대해
이것까지는 못하게 막아냈나니

한용운 스님으로 말하면
1906년에 개교한 우리 동국대학교의
제1회 졸업생이고
박한영 스님은 또
우리 학교 초창기부터의 참 좋은 교수님 아니신가

1919년에 3.1운동이 일어나자
33인 중의 한 분이신 한용운 스님 밑에서
우리 동국대 학생들은 각지로 나누어져 이 일을 이루어냈나니,
그들 중의 김법인, 백성욱 같은 학생은

해방 후 우리 대학교의 한때의 총장님들도 되었었지

이 나라를 철저히 사랑해 지키며 공부하는
이 정신이 언제인들 끝날 수 있겠는가
1960년 자유당 정부의 부정선거를 규탄하는 4, 19가 터지자
대통령의 경무대로 경무대로 맨 앞장서서 몰려가다가
맨 처음 사격에 희생당해 순절한 것도
우리 동국대 학생이 아니었나…

언제나 이 민족의 정의에 앞장서서
의리와 인정에 투철하고
엉터리 학문은 절대로 하지 않는
우리 동국대학교의 오랜 학풍을 우리는 믿나니
무한히 계속될 이 민족사 속에서
모교여 늘 건재키만 하소서!

-1996년 5월 미당 서정주의 「동국대학교 개교 100주년 기념 시」

　　미당은 6.25 동란이 발발하자 조지훈 이한직 등과 한강을 기적적으로 건너 대전 대구 등지로 피난하였다. 9, 28 수복 후 서울로 돌아왔다.

다시 1.4 후퇴 때 가족과 피난 열차를 타고 전주로 내려갔으며 후배의 도움으로 생활 터전을 마련할 수 있었다. 여기서 미당은 중견 이후의 신라 체험을 통해 시의 영역이 확장되는 미당의 시는 탐미적 경향이 보인다. 고향 전라도의 사투리를 적절히 활용한 미당의 시 언어는 민족어의 가능성을 한껏 높였다.

『화사집(花蛇集)』에서 관능과 광기를 들어낸 묘사로 인간에 대한 애기를 많이 썼다. 꽃뱀을 통하여 생명의 근원을 탐구하고 인간의 원죄 의식을 드러낸 시들. 징그러운 꽃뱀의 세계는 미당을 보들레르로 일컬었다.

치욕과 천치와 마약과 나체 등으로 표현된 강렬한 생명에서 윤리와 도덕의 제약을 받지 않은 정욕과 열정을 표현했다는 평가를 받았다.

미당의 아버지는 옛적에 인촌 김성수의 집 마름이었다.

마름이란 옛날 지주제도가 있을 때 지주는 서울에 살고 시골 땅을 관리해서 소작인을 부쳐주고 가을 추수를 관장하는 업을 한 사람을 마름이라 했다.

미당의 시「자화상」에서 아버지는 종이었다고 한 말은 실제 종이 아니라 마음을 뜻한 것이리라. 미당의 시는 시간이 지나면서 체험적인 쪽으로 옮겨간다. 인간의 욕망 내지는 소망이 달성할 수 있는 조건이 무엇인지에 대한 시를 쓰면서 다음 단계의 「신라초(新羅抄)」에 이른다. 여기서는 불교사상을 기초로 한 신라인의 정신에서 한국적 정신의 원형을 찾아낸다.

말년에 쓴「질마재 신화」는 고향의 유년시절의 기억을 되살려 한국의 신화를 재창조한 시들이다. 주로 산문시로 이뤄졌는데 겨레의 말을 가장 잘 구사한 시인. 겨레의 마음을 가장 잘 표현한 시인이라고 해도 여기에 누구도 이의는 없을 것이다.

1977년 11월 말에 미당은 단신으로 세계 일주 여행에 나섰다. 《경향신문사》의 후원으로 이뤄진 미당의 여행은 구미의 여러 도시에서 히말라야의 산간 오지에 이르기까지 해외 곳곳의 풍물을 돌아보았다. 멕시코에 이르렀을 때, 심한 각혈을 하고 쓰러진 일도 있었다.

미당은 그의 피 45%를 수혈로 채우고 살아난 때도 있었다 한다. 대략 10개월간에 걸친 세계 일주에서 미당은 실로 많은 경험과 교훈을 얻었다. "위대한 자연에 동화할 때만이 인간은 신에 해당하는 존엄성을 누릴 수 있다"라고 미당은 감회를 술회했다.

1980년 미당은 《경향신문》에 연재한 글을 모아서 『떠돌며 머흘며 무엇을 보려느뇨?』 전 2권의 기행문을 출간했다.(동화출판사) 그리고 세계 기행시집 『西으로 가는 달처럼』의 8번째 시집도 냈다.

1998년 12월 미당은 그가 살던 남현동 자택에서 한 잡지사와 인터뷰를 했다. 거기서 미당은 모든 종교를 끌어안는 화엄적인 세계관을 밝혔다. 한국의 근현대사에서 시의 거목(巨木)이요 시의 정부(政府)라고도 불렸던 미당의 삶의 기반이 무엇인지를 잘 알 수 있는 대목이다.

"나를 가리켜 다들 문학청년이라고 하는데 그 말은 맞습니다. 지금도 나는 늘 새로운 마음으로 시 한 줄 한 줄을 다듬고 또 다듬어가고 있습니다. 아직도 나는 철이 덜 든 소년이고 여

> 전히 소같이 둔합니다. 60년 넘게 시를 써 왔는데도 시의 높이와 깊이와 넓이는 한정 없기만 합니다. 나는 영원한 문학청년입니다."
>
> 서정주의 산문 「나의 시 60년」 부분이다.

이처럼 자신을 뽐내지 않고 겸손을 보였다.

더 지고한 경지에 오르려는 의지가 미당에게는 있었던 것이다. 철이 덜 든 소년이고 소처럼 둔하다는 말에서 시와 인간의 품성이 같이 간 시인이라 할 수 있다.

그는 시 「동천(冬天)」을 밝히는 자리에서 솔직한 고백을 했다. 40이 넘어서 한 여인에게 품게 된 연정을 작품화한 것이 「동천」이라고 미당은 밝혔지만, 그 여인이 누구인지를 모른다.

「동천」은 짧은 시다.

하지만 그 표현을 누구도 흉내 낼 수 없고 또한 매우 난해한 작품이기도 하다.

1948년 김동리는 두 번째 시집 『귀촉도』을 읽고 다음과 같이 평했다.

"나는 그에 대한 존경과 사랑을 나의 유일한 정신상의 재보(財寶)로 쌓아왔다.

그의 인격과 자유분방한 시혼은 그의 처녀 시집『화사집(花蛇集)』을 통하여 이미 세상에 그 비늘을 번득인 바 있지만, 그를 사랑하는 사람이건 그를 싫어하는 사람이건 적어도 이 땅에서 시를 아는 사람이면 누구나 오늘날 우리들의 머릿속에서 이 혹성의 찬연한 관망과 위치에 등한시할 수는 없을 것이다"

김동리의 위의 말은 그 이후 미당에 대해 말하는 모든 평론의 잣대가 되었다. 여기서 뇌락불기(磊落不羈)란 말은 마음이 작은 일에 구애되지 않고 남에게 구속되지도 않는다는 뜻을 담고 있다.

여기 좀 다른 얘기가 될지 모르지만 김관식 시인의 일화를 좀 얘기하겠다. 김관식 시인은 미당과 동서 관계다. 김관식은 일찍 정인보 최남선 오세창 등으로부터 한학을 배웠다.

박용래 시인과는 강경상고 동문이기도 하다.

동국대학교 농대 4년 중퇴인 김관식이 아직 문단에 등단하기 전에 미당의 집을 자주 드나들며 미당과 술친구가 되었다 한다. 천재며 기인이었던 김관식은 1955년 미당의 추천으로 《현대문학》에 문단에 등단했다.

　미당의 집에 웬 아가씨가 있었다. 그 여성이 미당의 처제인 박옥례였다. 은행원으로 근무하던 21세의 처녀. 박옥례에 반해서 청혼을 했으나 술 주벽이 심한 김관식을 박옥례가 좋아할 리 없었다.

　김관식이 하루는 술에 취해 나타나서 음독자살 소동을 벌였다. 그래서 박옥례와 결혼을 한 것이라 한다.

　4.19 후에 김관식은 용산 갑 구에서 당시 대가인 장면(張勉)과 국회의원 후보로 나와 대결했다. 김관식은 선거 유세에서 달변으로 대한민국 시인의 위세를 유감없이 떨쳤다고 한다. 낙선의 고배를 마시고 패가망신했던 김관식이었으나 문단에서 그의 일화는 유명하다. 그의 명함에는 "대한민국 시인 김관식"이라고 쓰여 있었다.

　2012년 5월 24일 미당시맥회에서 고창의 미당문학관 기행에 필자는 동참했다. 이성교 시인의 권유도 있었고 생전에 꼭 가보고 싶었던 곳이기도 했다.

　사당역에 모인 문인들은 회장 엄한정 부회장 윤석호 이성교 함동선 추영수 성춘복 이창녕 등 버스 한 대를 가득 채웠다. 부안 곰소 어촌에서 점심을 먹고 곧장 선운사로 행했다.
　미당이 자주 들렸다던 선운사를 지나 곧바로 고창 선운리로 향했다. 눈에 다가온 소요산이 예사롭지 않았다.
　미당은 저 소요산의 정기를 타고 태어났을 것이다.
　온통 들에는 복분자가 질펀하게 자라고 있었다.

　질마재는 미당의 출생지인 고창 부안면에 있는 선운리의 속칭이다. 그 모양이 길마. 수레를 끌 때 말이나 소 등에 안장같이 얹는 제구로 '질마'는 구개음화가 안 된 상태와 같은 형국으로 된 고개와 같다 해서 질마재로 부른다고 했다.

　문학기행은 언제나 신비에 젖는다.
　질마재가 훤히 내려다보이는 곳에 미당문학관(隨緣齋)이 우뚝서 있었다. 우리 일행은 우선 미당의 묘소가 있는 언덕을 올랐다. 길가에 여러 시비가 세워져 있었다.

묘소에 당도해 준비한 제물을 차려놓고 시맥회 회장 엄한정 시인이 첫 잔을 올렸다. 이성교 시인과 성춘복 시인이 차례로 잔을 올렸고 합동으로 모든 회원이 배례를 올렸다.

5월의 화창한 날이었다.

일행이 묘소를 내려와 문학관을 둘러보는 순서였다.

미당의 애장품과 젊은 시절의 사진들. 사진 속의 미소와 눈빛들. 대표작 「국화 옆에서」 「푸르른 날」 「자화상」 「동천」 등을 감상하며 생전의 미당을 회상했다.

문학관은 폐교된 초등학교 건물을 개조한 것이라고 한다.

문학관 옥상 전망대에 오르니 곰소만이 보이고 멀리 변산반도가 보이는 듯했다. 미당은 질마재를 얼마나 사랑했던가.

다음 차례는 생가 방문이었다.

고창 땅이 여기인가. 어디서 미당의 헛기침 소리가 들리는 듯했다. 미당의 발길로 다져진 동구(洞口)가 아닌가.

생가 마당에 들어서니 해당화가 피어있다.

붉은 해당화가 아니고 흰 해당화다. 해당화는 바다 냄새를 맡아야 피는 꽃이다. 그러고 보니 바다가 멀지 않은 곳에 있다고 했다.

생가에서 미당의 아우 우하(又下) 서정태 시인을 만났다.

생가를 지키는 주인이 되어 있었다. 인간에 대한 그리움으로 촉촉이 젖은 눈망울이 맑았다. 미당과 서정태는 어릴 때 같은 방에서 자랐다 한다. 그는 시를 접고 신문기자가 되었다.

민주일보 전북일보에서 30년을 보낸 서정태는 1986년 동아출판사에서 『천치의 노래』란 시집을 냈다.

'네가 너무 좋은 시를 썼구나.' 미당이 아우에게 처음이자 마지막으로 칭찬을 아끼지 않았다고 한다.

좋은 시를 썼지만, 미당의 그늘에서 큰 빛을 보지 못하고 향토 시인으로 늙어가고 있는 것이다. 생가를 떠날 때 노시인은 너무 아쉬워하는 듯했다.

우리의 당일치기 문학기행은 오는 길이 바빴다.

돌아오는 버스에서 나는 미당의 「자화상」을 낭송해 박수를 받았다.

관악구 남현동 1071번지 11호에는 미당이 30년을 살았던 고택이 있다. 이 집은 곰이 쑥과 마늘을 먹고 웅녀(熊女)가 되었다는 단군신화의 전설을 바탕으로 봉산산방(蓬蒜山房)이란 당호를 지었다.

1970년부터 2000년까지 30년을 기거한 곳이다.
참으로 많은 문인들이 방문했던 곳, 문학의 귀중한 명소였다. 미당이 돌아간 후 10년간 폐가로 방치되어 있었다.
서울시는 이 폐가를 새로 복원하는데 10억을 지원했다.
2011년 4월에 새로운 모습으로 복원되어 시민들에게 개방했다.
미당이 생전에 쓴 1,000여 편의 시를 15권의 시집으로 담아 출간했다. 이 저서는 국보급이라 해도 지나친 말은 아닐 것이다. 미당은 말년에 기억력의 감퇴를 막기 위해서 세계의 명산 1624개와 각 나라의 수도 이름을 아침에 일어나서 암기했다고 전해진다.

2000년 12월 24일 미당은 85세의 나이로 세상을 떠났다.

미당의 시 세계는 단일하지는 않았다. 불교로 대표되는 동양정신을 추구한 미당의 삶과 그 자취는 우리말로 시를 쓴 시인 가운데 가장 우뚝한 거목(巨木)임을 누구도 부인할 수 없을 것이다.

박두진

해

해야 솟아라, 해야 솟아라, 말갛게 씻은 얼굴 고운 해야 솟아라.

산 넘어 산 넘어서 어둠을 살라 먹고, 산 넘어서 밤새도록 어둠을 살라 먹고, 이글이글 앳된 얼굴 고운 해야 솟아라.

달밤이 싫어, 달밤이 싫어 눈물 같은 골짜기에 달밤이 싫어, 아무도 없는 뜰에 달밤이 나는 싫어.

해야, 고운 해야. 늬가 오면 늬가사 오면, 나는 나는 청산이 좋아라.
훨훨 깃을 치는 청산이 좋아라. 청산이 있으면 홀로래도 좋아라.

사슴을 따라, 사슴을 따라, 양지로 양지로 사슴을 따라, 사슴과 만나면 사슴과 놀고,
칡범을 따라 칡범을 따라 칡범을 만나면 칡범과 놀고,

해야, 고운 해야, 해야 솟아라. 꿈이 아니래도 너를 만나면,
꽃도 새도 짐승도 한자리 앉아 워어이 워어이 모두 불러 한자리 앉아
앳되고 고운 날을 누려 보리라.

「해」는 1949년 6월에 청민사에서 출간한 시집의 제목이다. 발문은 소설가 김동리가 썼으며 화가인 김용준이 겉표지를 꾸몄다.

동서고금을 막론하고 시인들은 달을 노래한 시가 많았으며 달을 통해서 인간의 감정과 정서를 노래했다. 달을 노래하지 않은 시인은 거의 없었다.

달밤이면 고독한 시인들은 달빛을 방으로 끌어들였다.
술잔을 앞에 놓고 시화(詩話)를 나누었다.
하지만 해는 달랐다.
해는 강열한 발광체로 해서 인간이 친숙할 수가 없었다. 해를 멍하니 바라보다가는 눈이 사멸하고 만다. 그 때문에 해를 노래한 시가 드물었다.
해를 제대로 볼 수 있는 시기는 아침에 해가 떠오를 때와 저녁에 서산에 질 때다. 달을 노래함은 여성적 부드러움이 있었지만, 태양은 남성을 상징하는 열정과 광명의 분출이었다.
이런 면에서 「해」는 미래를 열어가는 희망이 된다.

박두진 시인은 8 · 15 해방의 기쁨을 「해」를 노래함으로써 조국의 광복과 미래의 희망을 국민에게 안겨주려는 의도가 있었던 것 같다.

여기 어둠은 일제 강점기의 억압받던 고통을 말하는 것으로 보인다.

그 어둠은 물러가고 앳된 해가 솟아나라 노래하며 눈물 같은 골짜기의 밤은 강점기 치하의 민족의 비애를 말한 것으로 보인다.

어둠을 살라 먹은 해가 솟아나기를 바란 것도 그러하거니와 눈물 같은 골짜기의 밤을 싫어한 것은 자유와 해방의 날을 바랐기 때문이리라. 사슴이 뛰노는 청산에서 해를 맞아 꽃과 새와 짐승을 맞아 고운 날을 누려보겠다는 다짐이 현실적으로 이뤄진 것은 광복이었다.

「해」를 노래한 이 시는 광복 이후에 발표되었다.

하지만 이 시를 쓴 것은 광복 이전이었고 해방의 기쁨과 환희를 우리에게 안겨주는 유일한 시가 되었다.

그러나 시인이 기대했던 광복은 왔지만 과연 오늘의 현실이 시인이 기대했던 통일 조국은 아니었기에 그의 영혼이 하늘에서 편할 수는 없을 것이다.

광복 74년에 다시「해」를 음미해 본다.

위의 시「해」에 얽힌 일화가 전해온다.

박두진이 연세대학교 교수로 있을 때의 일이다. 제자인 조하문이 박두진의 허락을 받지 않고「해」의 시에 곡을 붙여 대학가요제에 나가 노래를 불렀던 것이다.

이 사실은 조하문의 노래를 청중의 입장에서 들은 한 학생이 '박두진 선생의 시에 저런 시끄러운 음악을 부르다니…'라고 격노하면서 문제를 일으켰다.

그 학생은「해」라는 시를 모독하는 것 같은 생각이 들었던 것이다. 이 일을 박두진 교수가 알게 되었고 제자 조하문은 어느 날 박두진 교수에게 호출되었는데 조하문은 사전 허락 없이 노래 가사로 사용한 것에 호된 질책을 받았다고 한다.

조하문의 당시 회고문은 다음과 같다.

'박 교수님은 저를 앞에 앉혀놓고 점잖게 타이르셨다.

박 교수님은 전에 어느 가수가 찾아와서 시를 써달라고 한 것을 거절한 적도 있다고 했으며 저작권이 뭔지도 모르고 내 얼굴에 먹칠해서야 되겠나. 다시는 그 노래를 부르지 말라, 고 말씀 하셨다.

나는 두 손을 빌며 다시는 그 노래를 부르지 않겠다고 말씀드렸고 박두진 교수는 두 번 다시 그 노래를 부르면 가만두지 않겠다, 라고 하셨다.'

그 말씀을 듣고 조하문은 비로소 저작권이 뭔지 알게 되었고 자책하게 되었다고 한다.

하지만 그 후에 생각지도 않았던 엉뚱한 일이 벌어졌다.

그 「해」라는 노래가 연세대학교의 대표적인 응원가가 되었던 것이다. 수만 명의 학생들이 그 노래를 합창하며 축구장이 떠나가도록 불렀던 것이다. 사건은 걷잡을 수 없게 되었다.

일이 이렇게 되자 다시는 그 노래를 부르지 말라고 했던 박두진 교수도 수만 명의 학생들이 함성을 지르며 부른 노래를 그냥 웃고 넘길 수밖에 없었다고 한다.

매우 흥미로운 일화다.

혜산 박두진은 1916년 3월 10일 경기도 안성시 안성읍 봉

남리 360번지에서 태어났다. 청룡산의 푸른 산줄기와 사계절 부는 사갑들의 바람을 마시며 유년 시절을 살았다.

박두진의 어린 시절은 유복하지 못했다.

경기도 안성 사람으로 '고장치기'란 이름부터가 곤궁한 마을의 출신이었다. 박두진은 누이가 있었지만 가난한 가정을 돕기 위해 도시로 나가 공장에서 노동일을 하다 결핵으로 세상을 뜨는 아픔도 있었다고 한다.

박두진은 조부 때부터 청빈하고 무력한 선비 집안이었다.

별 직업 없이 겨우 논 다섯 마지기와 밭 한 뙈기의 농사로 소작해 살았다. 5세 때부터 선친으로부터 한학을 배우며 형과 누이 셋이서 자상한 부모 사랑으로 가난을 견디며 살았다.

부친 박기동(朴基東)은 유교적 덕성을 지닌 분이었다.

어머니 서병권은 무학이었으나 사리에 밝았고 자식 교육은 엄했다고 한다. 박두진은 18세 때 안성에서 무작정 서울로 올라갔다. 가족 생계를 위해 취직을 하려고 했다. 취직이 되면 공부도 할 수 있다는 생각을 했으나 취직이 그리 쉽지만은 않았다.

박두진은 기독교의 문을 두드리며 어느 교회에 나갔다.

그러니까 신앙생활과 시를 공부한 것이 거의 동시였다고 봐도 좋을 1939년 봄이었다. 같은 하숙집에는 문학청년 친구가 있었다. 그 친구로부터 《文章》誌를 받아보았는데 거기서 신인작품 추천 모집을 처음 보게 되었다.

1939년 6월 《文章》에 작품을 응모했다.
1940년 1월에 「향현」 「묘지송」 「낙엽송」 등이 정지용의 추천을 받고 문단에 등단했다. 또 정지용으로부터 함께 추천받은 박목월, 조지훈과 같이 <청록파> 동인으로 작품 활동을 했다.

박두진은 성질이 괴팍했다고 한다.
언젠가 한 번은 이런 일이 있었다고 한다. 당시 소설가며 대한민국 예술원장인 소설가 박종화로부터 전화가 왔다. 예술원에서 박두진을 예술원 회원으로 추대했으니 집으로 통지가 갈 것이라는 소식을 미리 전하는 전화였다.
그런데 박두진은 이걸 정식으로 거절했다고 한다. 그뿐만 아니라 예총 산하 문인협회에 회원가입을 권할 때도 거절했다고 한다. 알고 보니 박두진은 문인이면 으레 가입하는 문학단체에도 전혀 가입하지 않았다고 한다.

또 이런 일도 있었다.

어느 날 청와대에서 전화가 걸려왔다. 당시 육영수 여사가 있을 때 개인 문학 공부를 하고 싶다는 전화였는데 박두진은 이것마저 거부했다고 한다.

또 5, 16 군사혁명이 일어났을 때 월간지《사상계》의 제1면에 「잔나비가 춤을 춘다」는 제목의 시를 발표했다. 여기 잔나비는 혁명군을 말한 것이다. 그때는 몸도 낮추고 숨도 제대로 못 쉬는 공포 분위기 속에서 박두진은 정면으로 정부를 비판하는 글을 쓴 것이다.

이때부터 박두진은 요주의 인물로 감시의 대상에 올랐다.

박두진은 <청록파>의 박목월이나 조지훈과는 다른 면이 있었던 것이다. 무엇보다 예술원 회원 추대를 거절한 것은 감히 누구도 못 할 일이었으나 그는 대수롭지 않게 여기며 문인이면 누구나 예술원 회원이 되려고 했으나 이것을 거절할 정도로 괴팍한 성격이었다.

박두진은 위에서 지적한 것처럼 민주화 운동에 참여했다가 연세대학교 교수직에서 해직되기도 했다. 이 일이 있은 후 복직되었으나 아동문학가인 그의 부인 '이희성'은 또 무슨 일을 저지를지 몰라 남편 곁을 그림자같이 떠나지 않고 감시했다는 소문도 전해진다.

박두진 시의 경향은 자연 속의 인간관계를 추구했다고나 할까. 말하자면 자연은 인간에게 기쁨과 행복을 준다는 것, 인간의 생명에 활력소를 제공해 준다고 보았던 것이다.

자연에 대한 순수한 감각, 자연과 인간과 신을 동일시하는 것이 박두진 시의 특성이라고 하겠다.

그러나 부정한 사회 현실에 대한 저항의 시와 비판의 시도 썼다. 이런 점은 조지훈과 박목월이 취하지 않았던 것으로 변별성을 갖는다.

박두진은 수석 애호가였다.

전국의 강변을 탐색하며 수석을 수집했다. 어느 날 강변을 헤매고 다닐 때 경찰이 수상하게 여기고 간첩으로 오인해 파출소에 끌려가 고초를 겪기도 했다는 일화도 있고 또 다른 일화도 있다.

삼성 고 이병철 회장이 생전에 수석 두 점만 팔 수 없느냐고 연락이 왔다고 한다. 값은 원하는 대로 지불하겠다고 했지만, 박두진은 이 문제로 아내와 밤새도록 논의하고 고민 끝에 거부하고 말았다는 일화가 있다. 그 제안을 받아들였다면 자식들에게 집 한 채씩 마련해 줄 수도 있었는데 박두진은 수석을 팔지 않았다. 그처럼 아꼈던 것이다.

조지훈 시인이 불교적인 색채의 시를 썼다면 박목월 시인은 경상도의 토속적 취향의 시를 썼으며 박두진은 말년에 기독교적 신앙의 색채를 띠는 시를 썼다고 해도 틀린 말은 아닐 것이다.
　박두진은 시 쓰는 일을 신나는 일로 여겼다.
　시 쓰는 일이 어렵고 고통스럽지만 어렵고 고통스러울수록 신이 나며 즐거운 일이 시인의 마음이라고 여겼다.
　원고 마감 하루 전에 벽에 표시해 놓고 수정하고 또 보완하곤 했다고 한다.

> 북망 이래로 금잔디 기름진데 동그란 무덤들 외롭지 않으이.
> 무덤 속 어둠에 하이얀 촉루가 빛나리, 향기로운 죽음의 내도 풍기리
> 살아서 설던 죽음 죽었으매 안 서럽고, 언제 무덤 속
> 화안히 비춰줄 그런 태양만이 그리 우리
> 금잔디 사이 할미꽃도 피었고 삐이 삐이 배, 뱃종! 뱃종!
> 멧새들도 우는데, 포근한 무덤에 주검들이 누웠네.
>
> -박두진의「묘지송」1939년《문장》

위의「묘지송」의 시는 정지용 시인이 제1회《문장》지에 추천된 작품이다. 이 시를 두고 당시의 문단에서는 파격적인 시라고 평했다.

박두진은 지금까지의 묘지에 대한 기존의 생각을 뛰어넘는 새로운 상상의 묘사를 시에 도입했던 것이다. 슬픈 죽음을 슬프지 않게 했고 외롭지 않게 했다. 무덤 속의 어둠이 암흑이 아니라 환하게 비춰주는 광명으로 표현했다.

무덤 속의 죽음이 언젠가는 부활하는 생명으로 보았다.

이것은 박두진의 기독교의 정신에서 터득한 환생일 것이다.

그런 종교적 관념이 이 시를 감싸고 있다고 보인다.

할미꽃과 멧새를 시에 등장 시켜 죽음의 부활을 꽃과 새에서 확인 시켜 주었다고 볼 수 있다. 여기 박두진의 시론 일부를 소개해본다.

> "내게 있어서의 이러한 의식적인 노력은 자연성을 떠나는 노력이 아니라 오히려 보다 더 자연적이고자 하는 노력을 말한다. 여기에 내가 말하는 것은 물론 소박한 자연을 두고 하는 말이 아니다. 마음이 있는 자연, 사랑과 생명의 원리에 서 있는 자연, 다시 말하면 살아있고, 아름답고, 생명이 있고, 질서가 있는 한 실재, 온 우주에 편만해 있고 그 속에 내재해있고 그 위에 초월해 있는 한 법칙, 생명과 사랑의 본질과 그 속성과 그 실재성, 그 주재자의 의지, 그러한 섭리에 조화하고 참여하고 통일하고 귀일하고, 그것으로 꽃피워지는 것을 말합니다…"
>
> -박두진의 「나의 시 나의 시론에서」

박두진은 70세가 되니 마음먹은 대로 시가 좀 쓰여 지는 것 같다고 말하기도 했다. 시는 모든 것 위에서 최고의 비판이자 최고의 도덕적 미학이며 가장 높은 단계의 인간성을 실현해야 한다고 주장하기도 한 박두진은 평생 수석과 등산을 즐겼다.

수석은 전봉건 시인도 좋아했지만 박두진은 남한강 돌밭을 하루 종일 헤매고 다녔다. 그것은 수석을 구하기 위한 것이기도 하겠지만 건강을 위한 운동으로도 보인다. 그렇게 수석에 미쳤다고나 할까. 수석의 참뜻을 모르는 사람들은 이해가 되지 않는 부문이지만, 수석이란 무생물에서 살아있는 생물의 가치를 찾아내는 데 의미가 있는 것 같다.

박두진 문학관은 안성시 보개면 남사당로 198-11번지에 학관이 별도로 있는 게 아니라 안성시립 보개도서관의 3층에 마련되어있는 이 3층에는 박두진과 그의 아내 이희성(아동문학가)과 가족이 기증한 750여 점의 자료와 친필 원고, 유품, 수석, 글씨, 그림, 등이 전시되어 있다.

2018년 11월 16일 안성시가 예산을 아끼지 않고 독립된 문학관을 개관하고 그동안 안성 보개도서관 3층에 자리 잡았던 박두진 문학관을 안성맞춤랜드에 독립 건물로 새로이 세웠다.

이것은 박두진을 위한 안성시민들의 자부심이다.

1916년부터 1998년까지 박두진의 발자취가 어린 곳에 문학관이 새로이 세워졌으며 1층은 북 카페다.

　전자에 말했지만 '시는 모든 것 위에서 최고의 비판이자 최고의 도덕적 이상 미학이며 가장 높은 단계의 인간성을 실현해야 한다.'는 이 유명한 말은 안성 보개도서관 돌에도 새겨져 있는 말이다.

　2층은 전시실로 박두진의 삶과 문학적 발자취를 돌아볼 수 있는 전시 공간으로 박두진은 말한다.

'누구나 그리운 것이 고향이겠지만, 나는 좀 유별나다.

　아무 때나 무뚝무뚝 생각나고, 어릴 때의 고향 모습을 지금도 나는 꿈속에서 자주 본다.

　나의 고향은 경기도 안성이지만, 그러나 가장 고향다운 고향은 안성의 한 촌락인 <고장치기>란 곳으로 여덟 살부터 열여덟 살까지의 가장 다감하던 소년 시절을 이 <고장치기>에서 살았다.

　가장 여리고 순수하던 인생 중의 알자 시절을 여기서 살았으니 <고장치기>야 말로 나의 고향 중의 고향인 셈이다.'라고 말했다.

박두진은 연세대. 우석대. 이화여대. 단국대. 추계예술대 교수를 역임했다. 그의 시 「꽃구름 속에」는 이흥렬이 작곡하여 가곡으로 널리 알려져 사랑을 받았으며 그의 시 「도봉」은 김동진이 작곡해 애창곡으로 사랑을 받았다.

6.25 때 박두진은 공군 종군 단원으로 전선을 다니며 시를 낭송하고 군부대의 군가 작사를 지어주었다. 특히 같은 종군단의 김동진 작곡가와 여러 편의 군가와 가곡을 남겼으며 「6·25의 노래」 가사도 박두진이 지었다.

박두진은 1,000여 편의 시를 쓰고 시집 17권을 남겼는데 주로 아침이나 오전 일찍 글을 쓰는 것을 즐겼고 가을이나 겨울보다는 봄과 더운 여름에 시가 쉽게 써진다고 했다. 원고 마감 하루 전까지 철저히 교정을 보고 잡지사로 보내는 신중함을 보였다.

박두진은 82세를 살았다.
조지훈보다 30년, 박목월보다 20년을 더 산 셈이다. 74세에 신작 시집 『빙벽을 깨다』를 내면서 건재함을 보였다.

박두진은 1916년에 태어나 1998년 9월 16일 숙환으로 서울 세브란스 병원에서 작고했다. 부인 이희성 사이에 영혁, 영조, 영하, 영욱, 등 아들 4형제를 두었다.

박두진 시인의 시비는 안성 도립도서관에 세워졌다.

1992년 6월 21일 유럽의 남부 프랑스의 고대 로마 유적이 잘 보존된 배종 라 로멘느 시(市)에 박두진의 시비가 세워졌는데 베종 시는 지난 1992년 홍수가 있을 때 세계 로터리클럽의 지원으로 복구되었으며 세계의 우정과 자연의 소중함을 기리기 위해 <아홉 아씨 정원>을 조성했다.

2000년부터 9개년 사업으로 세계 9개 도시를 선정 그 도시를 대표하는 시인의 시비를 한국, 독일, 스위스 등 9개 도시를 선정 시비를 세웠는데 한국의 안성시가 선정되어 배종 시의 요청으로 박두진이 선정되어 시비가 세워진 것이다.

「해」의 한 소절이 앞면엔 한국어로 뒷면에는 프랑스어로 새겨졌다. 베종라 호멘 시의 인구는 겨우 6천 명의 작은 관광지다.

박용래

저녁 눈

늦은 저녁때 오는 눈발은 말 집 호롱불 밑에 붐비다

늦은 저녁때 오는 눈발은 조랑말 말굽 밑에 붐비다

늦은 저녁때 오는 눈발은 여물 써는 소리에 붐비다

늦은 저녁때 오는 눈발은 변두리 빈터에만 다니며 붐비다

향토 시의 전범을 보여준 박용래(朴龍來)의 시「저녁 눈」을 택했다. 여기「저녁 눈」의 시는 1966년《월간문학》에 발표한 작품으로. 이 시를 보면 시골의 겨울 정경을 떠오르게 한다.

박용래가 살았던 고향은 우리 모두의 고향이다.
그의 애향심을 엿볼 수 있는 이 시는 '늦은 저녁때'를 반복함으로써 시에 리듬을 살리려고 했던 것 같다. 늦은 저녁때라고 하면 식구들이 저녁을 먹고 난 후의 시간일 것이다. 이 무렵에 눈발은 말 집 호롱불 밑에 붐빈다고 했다.
여기 말 집에 대해 설명한다면 말 집은 추녀가 사방으로 뺑 돌아가게 만든 집이고 말을 키우는 컴컴한 곳인데 유독 호롱불이 빛난다.
눈발이 말 집 호롱불 밑에 붐빈다는 이 관찰이 그의 세심한 묘사로 보인다. 말 집이 어두워 호롱불을 켜 두었고 호롱불 빛이 비치는 곳에 저녁 눈이 내리는 것을 바라보는 시인의 관찰이 예사롭지 않다.
두 번째로는 눈발이 조랑말 말굽 밑에 붐빈다고, 말굽 밑이란 장소도 세심한 관찰에서 얻은 것이라 볼 수 있다.

세 번째는 말의 먹이인 여물 써는 소리에 눈발은 붐비는 것으로 여물 써는 소리는 이 시인이 집에서 늘 듣던 소린데 눈발이 내려 더욱 새롭다.

마지막으로 저녁 눈발은 말 집을 멀리 벗어난 곳, 변두리의 빈터에 붐빈다고 하면서 「저녁 눈」의 시는 매듭을 지었다.

이처럼 박용래의 시는 어느 시를 들춰보아도 우리 고유의 향토성에서 벗어난 경우가 거의 없는데 잊혀가는 토속어를 되살려 시를 쓴 그는 너무 귀중한 것을 우리에게 보여준다.

박용래는 도시의 생활을 모르고 산 시인이다.

시골 변두리에 산 시인이고 남이 눈여겨보지 않은 것을 시의 대상으로 여기며 우리 서민들이 즐겼던 시골 변두리의 하찮은 풍경을 토속어를 통해서 시로 빚어냈다.

수사와 기교와 은유로 멋을 부리려고 하지 않고 난해한 언어에 눈을 돌리지 않았다. 군더더기가 없는 간결한 언어를 찾아내 꾸밈이 없는 여유는 전적으로 시인의 진정성에서 얻은 것으로 보인다.

박용래의 전원적인 시어를 통해 자연과 인간의 교감을 추구했다고 보여 지는데 그의 시가 쓸쓸하고 외로움에 빠지지 않은 것은 형용사와 부사를 난발하지 않은 시인의 기능에 있다고 보여 진다.

도시를 노래한 시인들은 많다.

문명의 세계를 노래한 시인들도 귀중하다. 그러나 평생 시골에서 살며 한국 고유의 토착어를 사랑하고 사라져가는 하찮은 것에 애착을 갖고 시를 써온 박용래 시인의 시야말로 귀중한 것이 아닐 수 없다.

진정 토속적인 것이 한국적인 것이라고 말할 수 있다. 박용래의 일화 하나를 올려본다.

> 독자들이 잘 아는 얘기지만 박용래 시인은 술만 마시면 울었다. 아는 사람이든 모르는 사람이든 누구와 만나서 술을 마셔도 울었다. 천상에서 울기 위해 지상으로 유배 온 시인 같았다. 어쩌면 울기 위해서 세상에 태어난 시인 같았다. 세상은 시인을 이해해 주어야 하는데 그게 아니었다.
> 박용래 시인에게는 홍래라는 누나가 있었다. 그런데 홍래 누나가 시집을 가서 1년 만에 아기를 낳다가 세상을 떠났다고 한

다. 시골이었기 때문일 것이다. 박용래가 중학교 2년 일 때라고 한다. 그때는 철이 없어 울지도 못했다. 자라고 나서 억울하게 죽은 홍래 누나 생각에 울게 되었다고 한다. 이 눈물 많은 시인의 시를 독자들은 좋아했다. 술을 마시면 우는 시인, 문단에서는 그렇게 통했다.

언젠가 충남 온양에서 어느 시인 단체의 시인들이 모여 세미나가 있었는데 전국에서 시인들이 모인 행사였다. 그런데 행사가 진행되는 도중에 일이 벌어지고 말았다. 박용래 시인이 어디서 술에 만취한 상태로 행사장에 나타났던 것이다. 박용래 시인은 행사장을 둘러보고 단상으로 올라가 마이크를 잡고 고개 고래 소리를 질렀다. 거기 모인 시인들이 어리둥절했다.

'이놈들아. 시를 쓴다는 놈들이 이게 무슨 짓이야. 당장 걷어치우지 못해! 글쟁이들이 글이나 열심히 쓸 것이지 이게 다 뭐 하는 수작이야' 이렇게 울분을 토했던 것이다.

박용래는 풀이나 꽃이나 나무나 새나 무엇을 보아도 눈시울을 적시는 버릇이 몸에 배었던 것이다. 이런 시인은 한국문학사에서 다시 보기 어려웠을 것이다.

박용래 시인은 (1925~1980) 충남 논산이 고향이다.

그는 중학교 때부터 『부활』 『죄와 벌』 등을 읽으며 문학에 빠져들었다고 한다. 강경상고를 수석으로 졸업한 그는 당시 조선은행 서울지점에 근무했다.

일제강점기 시대의 이야기로 이 무렵의 박용래의 일화 하나를 전한다.

> 박용래가 조선 은행권 현찰을 기차 곳간에 가득 싣고 경원선을 달렸다. 기차가 두만강 철교를 건너가는데 박용래 눈에는 쌓인 눈만 보였다고 한다. 원산역을 지날 때 눈발이 내리더니 청진을 지나니까 정신없이 쏟아져 내리는 그런 눈은 처음 보았다고 한다. 박용래는 두만강에 내리는 눈송이를 바라보며 한없이 울었는데 아침 9시부터 두만강을 부르며 울기 시작해서 그날 밤 9시 반이 넘어 여관에 쓰러져 잠들 때까지 <두만강의 뱃노래>를 부르며 울었다고 한다.

1946년 박용래는 조선은행을 뜻에 맞지 않아 은행 직을 그만두고 계룡학숙에 교사 자리를 얻어 상업과 국어를 가르쳤다.

이 무렵 박희선과 정훈 이재봉과 <동백시회>를 조직한 뒤 《동백》 동인지를 펴내며 본격적인 시 창작에 들어갔다.

1955년 「가을의 노래」로 《현대문학》에 박두진의 초회 추천을 받고 다음 해에 「땅」으로 완료 추천을 받아 문단에 등단한 그는 독신으로 살며 시나 쓰겠다고 했으나 1965년 독신으로 살겠다는 결심을 포기하고 이태준과 결혼을 하고 그 후에 1956년 송악중학을 끝으로 직장생활을 마감했다. 그리고 시 창작에 몰두했다.

퇴직금으로 장만한 집 옆에 감나무가 있었다.
그래서 청시사(靑柿舍)라고 불렸던 오류동의 149~12번지에 초가집을 매입해 1980년 작고할 때까지 17년을 이곳에서 살았다.

집은 관리자가 없어 이제 주차장으로 변했지만 이곳을 시민공원이나 문학관이 세워지길 시민들은 바랐으나 대전문학관이 세워지면서 박용래의 자료들은 통합되었다.
1969년에 펴낸 시집 『싸락눈』으로 《현대시학》이 제정한 제1회 문학상을 받았다. 둘째 시집 『강아지풀』이 있고 세 번째 시집 『백발의 꽃대궁』으로 1980년에 제7회 한국문학 작가상을 수상했다.

박용래 시인과 친했던 이문구 소설가가 『박용래 약전』이란 책을 냈다. 그 내용의 일부를 옮겨본다.

> 박용래와 아침에 만나 해장술을 마셨다. 그날따라 지갑에 돈도 있고 헤어지기 섭섭해 술자리에서 같이 술을 마셨는데 이야기가 길어져 저녁이 되었다.
> 서로 헤어지는 길에 박문구가 박용래를 오류동 자택까지 배웅하게 되었다. 이문구가 조심해서 들어가라는 말에 박용래는 아무 대꾸가 없었다. 그러더니 박용래가 하는 말이 기왕 여기까지 왔는데 이 동네에서 딱 한 잔만 더하고 가라고 했다.
> 그냥 가면 나 또 울 거야.
> 이문구는 이런 일화를 얘기하면서 눈물의 시인 박용래를 떠올렸다고 한다.
> 어떤 시인은 박용래가 우는 것을 그건 병이라고 했다. 그러나 눈물이 많았다는 것은 사랑이었지 병은 아니라고 본다. 우는 것을 밥 먹듯 했던 박용래였다.

> 박용래는 모든 아름다운 것들은 언제나 그의 눈물이었다.
> 일테면 갸륵한 것, 어여쁜 것, 소박한 것, 조촐한 것, 조용한 것, 알뜰한 것, 인간의 손이 안 탄 것, 문명의 때가 묻지 않은 것, 임자가 없는 것, 아무렇게나 버려진 것, 갓 태어난 것, 저절로 묵

은 것… 그러기에 그는 한 떨기의 풀꽃, 한 그루의 다복솔, 고목의 까치둥지, 시래기 삶는 냄새, 굴뚝의 청솔 타는 연기, 보리누름 철의 밭종다리 울음, 뻘기 배동 오르는 논두렁의 미루나무 호드기 소리, 뒷간 지붕 위의 호박 넝쿨, 심지어는 찔레 덤불에 낀 진딧물까지, 박용래는 누리의 온갖 생명에서 천체의 흔적에 이르기까지 사랑하지 않은 것이 없었다.

　사랑스러운 것들을 만날 적마다 눈시울을 붉히지 않은 때가 없었다.-(이하 생략)

-이문구의 『박용래 약전』 중에서

감나무 밑 풋 보
리 이삭이 비
치는 물병 점(點)
심(心)광주리 밭
매러 간 고무신
둘레는 다지는
쑥국새 잦은 목
반지름에 돋는
물집 썩은 뿌
리 뒤지면 흙
내리는 흰 개

> 미의 취락(聚落) 달
> 팽이 꽁무니에
> 팽팽한 낮 이슬
>
> -박용래의 「취락(聚落)」 1972년 《풀과 별》 8월 호.

박용래의 「취락(聚落)」이란 시다.

박용래의 시의 영역은 두말할 것 없이 흙냄새 나는 시골이다. 감나무를 맨 앞에 세웠다.

그다음이 풋보리 이삭이 비치는 물병이다. 점심 광주리가 있고 밭매러 간 고무신이 있고 쑥국새 소리도 이채롭다. 물집 썩은 뿌리를 뒤지면 흰개미들이 모여 사는 집이 있다. 달팽이의 꽁무니에 낮 이슬이 맨 나중에 나온다.

이 사소한 것들이 그에겐 눈물 나는 것들이고 「취락(聚落)」이란 시의 바탕이 되었다. 이 모두가 다정한 이웃으로 오랫동안 어울리며 사귀고 살았다. 이 사소하고 보잘것없는 것에서 시인은 영감을 얻어 시로 착상했던 것이리라. 권력이나 위세에 눌리지 않고 살다간 박용래 시인을 사랑하는 이유가 여기에 있다.

이 시에서 관심을 끄는 것은 그의 여타의 시에서 볼 수 없었던 파격적인 시행(詩行)의 자유로운 구분을 볼 수 있다는 점이다. 이런 변화를 왜 꾸몄을까. 하나의 틀에 매인 습관에서 벗어나 보려는 의도가 아니었을까. 그런 생각을 해보게 된다.

박용래가 친하게 지냈던 홍희표 시인께 보낸 편지가 있다.

> '어깨에 나란히 산길 가다가 문득 바위틈에 산호(珊瑚) 단풍 보고 너는 너는 우정이라 했어라. 어느덧 우정의 잎 지고 모조리 지고 희끗희끗 산문(山門)에 솔가린 양 날리는 눈발, 넌 또 뭐라 할 것인가. 저 흩날리는 눈발을, 나 또한…'
>
> -《현대시학》 1978년 12월 호

위의 편지는 홍희표에게 보낸 편지지만 편지라기보다는 시로 읽힌다. 이처럼 그는 산문집 하나 낼 만도 했으나 시정에 끌려 내지 못하고 돌아갔다.

박용래의 시 세계는 향토에 발붙이고 사는 사람들의 순수한 세계를 묘사했다. 그의 향토적 정서와 아름다움은 자연에 대한 애정과 외경심이 동반한다. 자연의 정경과 정감을 조화시켜 토속적인 정서를 추구한 점이라 하겠다. 일체의 인위적인 조작이나 기교를 배제한 점이 향토애와 자연 친화의 소박한 심성이 근간을 이루며 사설이 배제된 언어의 정수만을 골랐다. 그의 간결한 함축미를 높이 살만하다.

박용래는 소묘법(素描法)이란 표현 방법을 사용했다.
민요적 구조를 통해 독창적인 시 세계를 개척한 한국의 전형적인 향토시인이라고 할 수 있으며 점점 사라져가는 것에 대한 애착이 토속적인 언어를 찾아냈다고 해도 무방하다. 한마디로 그의 시는 언어의 절제와 표현의 간결함이라 하겠으며 그의 토착 의식은 한국적 정서의 모범으로 보인다. 박용래는 한국문인협회 충남지부장을 지냈다.

1946년 일본에서 귀국한 수필가 김소운(金素雲)으로부터 문학수업을 받았으며 평생 고향을 지킨 토속 시인이었다. 그의 작품은 전자에도 말했지만 전원적이며 향토적인 서정의 세계를 일관되게 고수하고 심화시킨 것이 한 특징으로 기록된다.

시의 압축과 축소는 군말을 배제하고 시의 정수만을 남겼다. 「저녁 눈」 역시 겨울 눈 오는 시골의 풍경 묘사다.

어느 말 집에 앉아 술을 마시며 글썽한 눈으로 바라보는 창밖의 저녁 눈, 호롱불과 조랑말 말굽과 여물 써는 소리와 변두리 빈터가 도시에서 볼 수 없는 어느 농촌의 정경이다.

그렇게 시골에 묻혀 시와 살다 간 시인이다.
되풀이하지만 박용래는 별도의 문학관이 없다.
대전시 동구 송촌 남로 11번지길 116에 대전문학관이 있다.
그곳에 대전의 시인들의 자료가 있는데 박용래의 자료도 거기에 보관되어있다.

1980년 여름 취중에 길을 건너다 택시에 치여 3개월간 입원해 치료를 받고 집으로 돌아왔으나 같은 해 11월 21일 셋째 딸 수면이가 점심을 준비하는 동안 안방에서 조용히 눈을 감았다고 한다.

사인은 심장마비였다.

박용래는 과작으로 문단 생활 25년에 100여 편의 시만 남겼는데 모두 수작이다. 그의 시비는 보문산 사정공원에 있으며 한밭의 첫 시비로 「저녁 눈」이 새겨져 있다.

신석정

그 먼 나라를 알으십니까

어머니
당신은 그 먼 나라를 알으십니까?

깊은 삼림지대를 끼고 돌면
고요한 호수에 흰 물새 날고
좁은 들길에 야장미(野薔薇) 열매 붉어

멀리 노루새끼 마음 놓고 뛰어다니는
아무도 살지 않는 그 먼 나라를 알으십니까?

그 나라에 가실 때에는 부디 잊지 마셔요
나와 같이 그 나라에 가서 비둘기를 키웁시다

어머니
당신은 그 먼 나라를 알으십니까?

산비탈 넌즈시 타고 나려오면
양지 밭에 흰 염소 한가히 풀 뜯고
길 솟는 옥수수밭에 해는 저물어 저물어
먼바다 물소리 구슬피 들려오는
아무도 살지 않는 그 먼 나라를 알으십니까?

어머니 부디 잊지 마셔요
그때 우리는 어린 양을 몰고 돌아옵시다

어머니
당신은 그 먼 나라를 알으십니까?

오월 하늘에 비둘기 멀리 날고
오늘처럼 촐촐히 비가 나리면

꿩 소리도 유난히 한가롭게 들리리다
서리까마귀 높이 날아 산국화 더욱 곱고
노란 은행잎이 한들한들 푸른 하늘에 날리는
가을이면 어머니! 그 나라에서
양지 밭 과수원에 꿀벌이 잉잉거릴 때
나와 함께 고 새빨간 능금을 또옥 따지 않으시렵니까?

1932년 《삼천리》 5월호에 발표한 신석정의 대표시다. 《삼천리》는 1929년에 김동환 시인이 창간한 교양 잡지다. 그 후 1939년 11월에 인문사(人文社)에서 발행한 그의 첫 시집 『촛불』에 수록되었다.

신석정의 그 먼 나라는 이상 세계라 할 수 있겠다.

어느 누구도 가보지 않은 먼 나라를 그리워했으며 그곳에 가서 근심 걱정 없는 평화를 누려보겠다는 희망이 이 시의 바닥에 깔려있다.

도연명이 추구했던 '무릉도원'의 세계나 토머스 모어가 주장했던 '유토피아'의 세계를 생각하면서 쓴 것 같기도 하지만, 과연 신석정이 그런 이상 세계를 생각하면서 위의 시를 썼는지는 단정할 수는 없다.

다만 우리가 추상하는 것은 현실 세계와는 다른 세계, 아직 아무도 인간의 발길이 닿지 않은 무구(無垢)의 세계를 꿈꿨다는 사실이다.

신석정의 이런 생각은 살아가는 현실이 힘겹고 고단한 데서 오는 불만으로 보이기도 한다.

이 시를 쓸 때의 시기는 일제강점기의 수탈로 어디론가 자유로운 세계로 떠나고 싶은 충동을 느꼈을 것이고 살아가는 데 불만을 느끼게 되면 다른 이상 세계를 꿈꾸게 되는 것 또한 인간의 본성이기도 하다.

그 먼 나라에 대한 동경과 호기심이 독자들을 유혹하는 시가 되었다고 볼 수 있다.

여기 먼 나라의 이상 세계를 혼자 가려는 게 아니다.

반드시 어머니와 같이 가는 게 꿈이다. 혼자 가서는 아무 의미가 없다. 여기 '어머니'는 일테면 문명의 소용돌이 속에서 잃어버린 자연과 순수한 원형의 세계를 향한 그리움의 대상으로 떠오른다.

그 먼 나라로 가면 호수가 있고 물새가 날고 장미 열매가 붉고 노루가 뛰놀고 염소가 풀을 뜯고 옥수수밭에 해는 저물고 먼 바다의 물소리도 들리고 꿩도 있고 서리 까마귀며 가을엔 꿀벌이 잉잉거리는 곳이다.

그런 먼 나라에 어머니와 같이 가서 평화의 비둘기를 키우자고 권유하는 이런 세계가 도연명이 추구했던 '무릉도원'의 세계와 매우 가깝게 여겨진다.

신적정은 어머니와 같이 가려던 먼 나라에 실제로 간 것은 아니었다. 어디까지나 상상의 세계다. 그래서 독자에게 그리움을 안겨주고 이상을 안겨주는 꿈의 세계가 된 것이다. 목가적인 세계에서 살았던 그가 현실 세계보다 더 좋은 먼 나라로 어머니와 같이 가서 살지는 못했지만, 우리에게 무한한 꿈과 희망의 나라로 안겨 온다.

신석정을 목가시인이라고 처음 말한 사람은 편석촌이다.
이것이 신석정을 표현하는 단골 표현이 되고 말았다. 신석정의 위의 시 「그 먼 나라를 알으십니까」는 교과서에 실려 세상에 널리 알려졌다.
신석정은 창씨개명을 거부한 시인으로 알려졌다.
그는 일본어로 쓴 시도 없었다. 부조리한 현실과 타협하지 않았고 일제의 온갖 회유책에 많은 문인들이 변절의 길을 걸었지만 신석정은 신념을 굽히지 않았다고 한다.

그는 시를 써도 별로 발표하지 않았으며 오래 서랍에 쌓아

두고 곰삭은 시를 꺼내 수정 보완하고 정리해서 낸 시집이 『촛불』이다.

신석정의 애제자인 허소라 시인의 증언에 의하면 신석정은 학창 시절 일본인 담임선생의 야만적인 언사에 분개해 동맹휴학을 주도하기도 했다고 한다.

누구보다 불의에 대한 반발심이 강했던 신석정 시인의 일화 하나를 올린다.

> 고향이 고창인 미당 서정주 시인이 평소에 신석정을 만나고 싶어 했다. 어느 날 미당 시인은 부안에 사는 신석정을 만나기 위해 그의 집을 찾아갔는데 집안에 아무도 없었다고 했다. 미당 서정주 시인은 그냥 돌아올 수 없어 밭에서 밀짚모자를 쓰고 일하는 사람이 있어 물어보려고 가까이 가서 신석정을 아느냐고 물었는데 그가 바로 신석정이었다는 일화가 전해온다.
>
> 신석정은 흙을 사랑했고 전원에서 농부로 살며 그 체험을 시로 써서 일관되게 자연 친화적인 시를 쓰게 되면서 목가적인 자연파 시인이 되었고 한국 최초의 전원시인으로 세상에 알려지게 되었다. 시의 소재를 자연과 농촌에서 구했다.
>
> 또 신석정은 대나무같이 키가 컸다고 한다. 눈썹이 유달리 시커먼 이 시인이 인상적이었다고 진술한 말은 처음 신석정을 본

> 장만영 시인의 표현이다. 신석정이 전주상업고등학교에 근무할 때 전북대학교에서 시문학 강의를 한때도 있었다.

신석정은 1907년 전라북도 부안에서 출생했다.

아버지 신기운과 어머니 이윤옥 사이의 둘째 아들로 태어났으며 호는 석정(夕汀)이고 본명은 석지영(石志永)이다.

부안에서 보통학교를 나오고 서울로 올라와 동국대학교의 전신인 중앙불교전문강원 국문과에서 수학했다.

석전 박한영 선사의 가르침을 받았다.

1931년 10월 《시문학》 제3 호에 「선물」을 발표하면서 동인으로 참여했다. 김영랑, 박용철, 정지용, 김현구 등과 1930년대 한국 시단을 이끌며 지사와 같은 삶을 살았다.

2017년에 그의 시비가 고향 부안에 세워졌다.

시비는 한국수자원공사 부안군 관리단이 건립비용과 장소를 제공해 이뤄졌으며 시비에는 그의 시, 「임께서 부르시면」의 일부가 새겨졌다.

가을날 노랗게 물들인 은행잎이

바람에 흔들려 휘날리듯이

그렇게 가오리다

임께서 부르시면……

호수에 안개 끼어 자욱한 밤에

말없이 재 넘는 초승달처럼

그렇게 가오리다

임께서 부르시면……

포근히 풀린 봄 하늘 아래

굽이굽이 하늘가에 흐르는 물처럼

그렇게 가오리다

임께서 부르시면……(이하 생략)

-신석정의 「임께서 부르시면」의 일부

　　신석정의 생가는 그가 20년 동안 살았던 고택 '비사벌초사'다. 지금은 전라북도 기념물 제84호로 지정되었고 전북 부안군 부안읍 선은리에 있으며 이 고택은 현재 찻집으로 운영되고 있다. 25년 전에 이 집을 구입한 주인은 당시의 가옥과 정원을 그대로 보존하고 있으며 시인의 생애와 주인의 따뜻한 보존이 시인을 추억하며 차를 마시며 쉬었다 갈 수 있는 공간으로 보존되고 있다고 한다. 또 부안 고성산에 신석정 시인의 공원이 조성되어있으며 공원 안에 석정의 묘소도 있다.

2017년 9월에 신석정 시비가 세워졌다. 신석정의 이해를 돕기 위해 그의 수필 일부를 올려본다.

> '아무리 태산목꽃이 연이어 석 달을 계속 피어나고 수수꽃다리가 바람결에 향기를 내뱉고, 장미가 제아무리 요염하도록 짙은 향기로 법석을 부릴지언정, 내 마음은 저 신우대 숲을 찾아갈 것이니, 흔들리는 댓바람 소리와 햇볕이 댓 이파리에 분수처럼 부서지는 5월 한낮도 좋으려니와 때로 지나가는 빗소리가 조용한 겨울 황혼에 사부랑 눈이 지나는 소리는 그대로 나직이 흔들리는 거문고 소리가 아니고 무엇이랴? 나에게 단 한 평의 뜰을 허락한다면 저 나무 다 그만두고 한 떨기 시누대를 심어 사철을 즐기리라.
>
> — 신석정 시인의 수필 「정원 이야기에서」 중에서

'첫 시집 『촛불』에 나오는 은행나무와 대숲과 푸른 하늘은 모두 '청구원'에서 얻은 것들이다. 모두 꿈과 낭만이 넘치는 나의 초기를 대표하는 것으로 안서의 칭찬도 컸지만, 그때 편석촌은 나를 목가시인이라 불렀던 것이다.

　이 무렵에 멀리 황해도에서 찾아온 문학 소년이 바로 중학을 갓 나온 장만영이오. 중학 2학년을 다니던 미당 서정주도 이때에 처음 만난 문학 소년이었다. 거의 매년 찾아주다시피 해서 장만영과 서정주는 '청구원' 시절의 가장 반가운 손님이었으니 그것이 인연이 되어 장만영은 나와 동서가 되었던 것이다.

　가람과 조운이 찾자주던 것도 이 무렵이다. 그것이 인연으로 가람은 오늘에 이르도록 나의 문학 스승으로 모시게 되었고, 6·25 뒤에 7, 8년을 같이 전북대학에서 강의를 맡게 된 것도 모두 그때 맺은 인연의 탓이다

- 신석정의 수필「못다 부른 목가」중에서

　신석정의 시 세계를 간추리면 대략 다음과 같다.

　제1기의『촛불』에서 목가적이고 전원적인 시를 써서 전원시인이란 이름을 얻었고 전원시인이란 말이 세상에 퍼지게 되었다.

　제2기의『슬픈 목가』를 써서 이상향에 대한 시를 썼으나 상실감으로 변하는 공허감을 느끼는 시들이 되었고 제3기『빙하』의 시들은 역사적 체험이 현실을 구체적으로 드러내는 비판의 시를 썼다고 볼 수 있다.

제4기의 『댓바람 소리』의 시들은 분노를 잠재우고 차분한 관조의 정신으로 초기의 시로 되돌아가는 회기의 시를 썼다고 볼 수 있는데 이 네 단계의 시 세계가 신석정의 문학세계로 압축할 수 있다.

신석정의 문학관은 부안읍 선은리에 있는 신석정 고택 변에 세워졌다. 2011년 10월 29일에 개관했다. 1907년에 태어나 1974년에 작고했으니 그가 작고하고 40년쯤 후에 세워진 셈이다.

문학관의 명품인 은목서가 꽃을 피우는 시기에 시낭송회와 음악회도 겸해서 열린다. 문학관의 영상실 모니터를 누르면 신석정의 초기와 중기와 후기의 시들이 나오고 그 작품에 대한 설명을 자세히 들을 수 있다.

신석정 시인의 문인교류는 극히 제한적이었는데 지방에서 살았던 탓이리라. 신석정의 친척 중에는 두 사람의 시인이 있다. 그 한 사람이 손아래 동서인 황해도 연백 출신의 장만영 시인이고 다른 한 사람은 맏사위인 전라북도 남원 출신의 최승범 시조 시인이다.

장만영은 서울에서 학교를 나오고 생활의 절반 이상을 서울에서 살았다. 최승범은 전주에서 대학을 나온 후 그곳에서 살았다는 차이가 있다. 60년대에 한국시인협회 회장을 지낸 장만영이 신석정에게 서울에 올라와 함께 가까이 살자고 여러 번 권유했지만, 신석정은 서울에서 사는 것을 거부했다고 한다.

고향을 지키고 사는 것을 천직으로 여겼던 신석정은 47년에서 72년까지 만 65세로 정년퇴임 때까지 지방에서 조용한 교직생활을 이어갔다.

신석정의 시집에 『촛불』 『슬픈 목가』 『빙하』 『산의 서곡』이 있으며 1967년에 낸 마지막 시집 『댓바람 소리』가 있다. 고향에서 일생을 보냈던 신석정은 1973년에 고혈압으로 쓰러졌다. 그 후 6개월 동안 재활 치료를 받았으나 1974년 7월 6일 생을 마감했다.

신석정이 세상을 떠난 뒤 장만영 시인은 추모의 글에서 말년에 신석정이 서울에 자주 올라왔지만 그때마다 만나기는 했으나 원체 바쁜 일정 때문에 전처럼 다정하게 시간을 보낼 수는 없었다고 했다. 신석정의 묘소가 부안군 고성산 신석정 시인의 공원 안에 있다.

별 헤는 밤

윤동주

계절이 지나가는 하늘에는
가을로 가득 차 있습니다.
나는 아무 걱정도 없이
가을 속의 별들을 다 헤일 듯합니다.

가슴 속에 하나둘 새겨지는 별을
이제 다 못 헤는 것은
쉬이 아침이 오는 까닭이오,
내일 밤이 남은 까닭이오,
아직 나의 청춘이 다하지 않은 까닭 까닭입니다.

별 하나에 추억과
별 하나에 사랑과
별 하나에 쓸쓸함과
별 하나에 동경과
별 하나에 시와
별 하나에 어머니, 어머니,

어머님, 나는 별 하나에 아름다운 말 한마디씩 불러봅니다.
소학교 때 책상을 같이 했던 아이들의 이름과, 패, 경, 옥
이런 이국 소녀들의 이름과, 벌써 애기 어머니 된 계집애들

의 이름과,
　　　가난한 이웃 사람들의 이름과, 비둘기, 강아지, 토끼, 노새, 노루,
　　　프란시스 짬, 라이나 마리아 릴케 이런 시인의 이름을 불러봅니다.

이네들은 너무나 멀리 있습니다.
별이 아슴히 멀듯이,
어머님,
그리고 당신은 멀리 북간도(北間島)에 계십니다.

나는 무엇인지 그리워
이 많은 별빛이 내린 언덕 위에
내 이름자를 써 보고
흙으로 덮어버렸습니다.
따는 밤을 새워 우는 벌레는
부끄러운 이름을 슬퍼하는 까닭입니다.

그러나 겨울이 지나고 나의 별에도 봄이 오면
무덤 위에 파란 잔디가 피어나듯이
내 이름자 묻힌 언덕 위에도
자랑처럼 풀이 무성할 게외다.

윤동주 시인에 대해서는 우리가 너무나 잘 알고 있다.

그러면서도 윤동주 시인을 택한 것은 그의 일화도 일화거니와 일제강점기를 살아온 많은 문인들이 일제에 가담한 글을 써 비난의 대상이 된 오늘의 시점에서 윤동주 시인을 되짚어보는 것이 뜻이 있겠다는 생각에서다.

일제 강점기에 항일 저항 시인으로서 불행히도 이국의 차디찬 감옥에서 옥사한 시인을 든다면 이육사 시인과 윤동주 시인을 떠올리게 된다.

이육사 시인은 북경 감옥에서 옥사했고, 윤동주 시인은 일본의 후쿠오카 감옥에서 옥사했다. '별의 시인'이라 부르는 윤동주 시인은 우리 문학사에 별이 되어 반짝이고 있다.

위의 시 「별 헤는 밤」은 윤동주가 1941년 11월 5일에 쓴 시로 연희전문학교를 졸업하기 전에 먼 북간도에 계시는 어머니께 보내는 편지 형식으로 쓴 시라 하겠다.

이 시에 나오는 '언덕'은 지금의 서촌 인왕산 언덕을 말하는 것으로 인왕산 언덕에는 윤동주 문학관이 있다. 규모는 작지만 아담하게 지어져 있으며 영상실이 있고 별 보는 곳도 있다.

그러나 전시된 자료는 매우 빈약하다. 후손이 없으니 그럴 수밖에 없다고 생각하며 '윤동주 시인의 언덕'을 올라 본다.

　이 언덕에 윤동주가 자주 올라 가을의 전경도 감상하고 밤이면 별을 헤어보기도 했던 것 같은 하늘이다.

　그 별에서 추억과 사랑과 쓸쓸함과 동경과 시를 생각하고 멀리 북간도에 계시는 어머니를 그리워했을 뿐만 아니라 무엇인가 사무쳐 언덕에 자신의 이름자를 써 보고 흙으로 지워버리기도 했을 윤동주를 생각해본다. 그러면서 자신의 이상(理想)을 꿈꾸며 봄을 기다렸고 무덤 위에 돋는 파란 잔디를 생각했을 동주, 파란 잔디야말로 윤동주의 꿈이며 미래의 희망이었을 것이다.

　언제인가 그 문학관을 찾아가서 '시인의 언덕'을 혼자 거닌 적이 있다. 윤동주가 이름자를 썼다가 지운 곳이 어디였을까를 상상하며 1941년에 윤동주가 고독과 현실을 괴로워하며 별을 헤던 일을 생각하기도 했다.

　숲속에서 시인의 인기척이 들리는 것 같은 착각에 빠져 보기도하고 풀숲에서 우는 벌레 소리를 들으며 윤동주도 옛날엔 듣지 않았을까. 그런 고뇌를 상상을 하며 발길을 돌린 적도 있었다.

윤동주는 3남 1녀 중 장남이다.

윤동주의 할아버지 윤하현(尹夏鉉)이 함경북도 종성군에서 북간도 명동촌으로 이주해 자수성가했다. 넓은 과수원과 벼농사로 남부럽지 않은 기반을 잡고 잘살게 되었다.

아버지 윤영석(尹永錫)은 기독교 계동의 모교인 명동학교 교사였다. 할아버지가 명동교회 장로를 지내는 이런 환경 속에서 윤동주는 독실한 기독교 신자로 자라게 된다.

윤동주는 명동중학을 졸업하고 서울로 유학의 길에 오른다. 윤동주가 연희전문학교를 다닐 때 처음엔 학교 기숙사에서 생활했다.

정병욱의 말에 의하면 1940년 동주를 처음 만났는데, 그는 오뚝하게 솟은 콧날, 부리부리한 눈망울, 일자로 굳게 다문 입, 그는 한마디로 미남이었다. 투명한 살결과 날씬한 몸매와 단정한 옷매무시가 이렇듯 그는 멋쟁이였다고 정병욱은 증언했다.

또 연희전문에 다닐 때 정병욱과 기숙사 생활을 같이 했는데 윤동주는 달이 밝으면 정병욱의 방문을 두드려 정병욱을 끌어내어 연희전문의 숲길을 거닐고 서강의 뜰을 거닐며 두어 시간의 산책을 즐기고 기숙사로 돌아오곤 했다 한다.

그 시간 동안 윤동주는 입을 여는 일이 거의 없었다. 그 때문에 무슨 생각을 했는지 모른다고 했다. 다만 '정형, 아까 읽던 책' 재미있었어요? 정도였다고 한다. 윤동주는 「별 헤는 밤」의 첫 원고를 정병욱에게 보여주었다 한다.

'따는 밤을 새워 우는 벌레는 / 부끄러운 이름을 슬퍼하는 까닭입니다.' 정병욱이 읽고 어쩐지 끝이 좀 허하다 했는데, 윤동주가 그 말을 듣고 '그러나 겨울이 지나고 봄이 오면 / 무덤 위에 파란 잔디가 피어나듯이 / 내 이름자 묻힌 언덕 위에도 / 자랑처럼 풀이 무성할 것이외다.'

이 넉 줄은 정병욱의 충고에 의해서 쓴 것이라 전한다.

학교 기숙 생활에서 태평양전쟁이 치열해지자 학교 급식이 부실해졌다. 윤동주는 하숙집을 구하려고 2년 후배인 정병욱과 인왕산 아래 누상동에서 옥인동으로 내려가는 길목에서 전신주에서 붙어 있는 우연히 하숙 광고 쪽지를 보게 된다. 거기가 바로 누상동 9번지인 소설가 김송(金松)의 집이다.

김송(金松)은 함경도 함주가 고향이고 서울신문사 문화부장을 지냈으며 또 극장도 창설했다 한다. 거기에 하숙을 정한 윤동주는 같은 방에서 정병욱(후에 서울대 교수가 됨)과 생활하게 된다.

윤동주의 일과는 아침에 일어나 인왕산 중턱까지 산책을 하며 산골짝 물로 세수를 하고, 그리고 산에서 내려와 아침을 먹고, 등교했다가 수업을 마치면 충무로의 신간서점과 고서점을 방문했다. 그리고 음악다방을 들리거나 영화도 보고 청계천 헌책방을 순례 후 하숙집으로 돌아와 저녁을 먹었다.

그런데 윤동주와 정병욱은 하숙집에서 마음이 편치를 못 했다. 일본 고등계 형사들이 수시로 하숙집을 찾아와 가택수색을 했다.

주인 김송(金松) 소설가가 요시찰 인물로 낙인이 찍혔기 때문이었다. 경찰들은 윤동주의 하숙방에도 들어와 책꽂이의 책을 뒤지기도 했다. 그래서 불안을 느낀 윤동주와 정병욱은 1941년 5월에서 9월까지 김송(金松)의 집에서 하숙을 하고 다른 곳으로 하숙을 옮겼다고 한다.

윤동주는 연희전문을 졸업한 기념으로 시집을 내려고 했다.

그리고 시집 제목을 『병원』이라 정하겠다고 정병욱에게 말했다. 그 이유를 잘은 모르지만 세상이 온통 환자들로 들끓으니 그런 제목을 생각한 것은 아닌지 그렇게 정병욱은 생각했다고 한다. 그러나 여건이 허락지 않아 시집 내는 것을 포기하고 19편의 시 노트를 자신이 하나 갖고, 이양하(후에 서울대 교수가 됨)에게 하나 주고 또 한 부는 정병욱에게 주고 일본으로 떠났다고 한다.

윤동주는 일본 유학의 첫째 조건이 일본 이름으로 개명해야 하기 때문에 하라누마 도슈(平沼東柱)란 이름으로 일본 유학길에 올랐다.

정병욱은 윤동주의 시 19편의 노트를 고향 광양으로 가지고 가서 어머니께 건네며 '어머니, 이거 중요한 것이니 잘 보관해 주세요.' '그래 뭔지 모르겠다만 잘 보관하마.' 정병욱의 어머니는 시 원고 노트를 비단 수건에 싸서 옷장 안에 잘 보관했다고 한다.

1942년 윤동주는 관부연락선을 타고 일본으로 건너갔다.

윤동주의 아버지는 의과대학에 입학해 의사가 되기를 원했다. 아버지의 생각은 문과를 나와야 기껏 신문기자가 되는 것이고 서촌의 문인 변영로 염상섭 모두 신문기자였던 것을 생각하면 아버지의 권유가 이해가 갔다.

윤동주는 아버지의 의사를 무시하고 동경입교대학(東京立敎大學) 영문과에 입학한다. 그리고 그해 고향 북간도 용정(龍井)에 마지막으로 다녀간 뒤 일본으로 돌아가 가을에 동지사대학(同志社大學) 영문과로 편입학하게 된다.

1943년 7월에 여름방학을 맞아 고향으로 돌아오려고 짐을 여객선에 싣고 배에 타려는 중에 사상범으로 일경에 체포된다.

1944년 6월, 재판에서 2년 형을 선고받아 이듬해 규슈(九州)에 있는 후쿠오카 감옥에 수감됐으며, 이때 경도대학(京都大學)에 재학 중이던 고종(姑從)사촌 송몽규도 같이 피검된다.

윤동주의 죄목이 독립운동이라고 하나 구체적인 죄과는 애매모호하다. 한인 학생모임에서 아리랑을 자주 불렀다는 죄목도 모호하다.

윤동주의 「쉽게 씌어 진 시」에 나오는 「육첩방」은 다담이가 여섯 장 깔린 일본식 방을 말한다. 자신을 구속하는 극한상황이며 어둠과 절망의 등가물일 것이다.

윤동주가 후쿠오카 형무소에 수감되었을 때 일본인 의사(醫師) 다케다 마사카스 씨는 다음과 같이 증언했다. "윤동주가 강제로 맞았던 주사는 생체실험으로 악명을 떨친 관동군 산하 731부대가 혈장 대용 생리식염수일 것이다."라고 하면서 윤동주뿐만 아니라 후쿠오카 감옥에 수감된 한국 독립 운동가들이 모두 실험대상이 됐을 가능성이 크다고 주장했다. 그러면서도 일제는 윤동주에게 그 주사가 몸이 허약해 영양제 주사라고 했다는 것이다.

윤동주가 조국 해방의 기쁨을 보지 못하고 1945년 2월 16일 차디찬 형무소에서 옥사했는데 해방을 겨우 6개월 남겨두고 하늘의 별이 된 것이다.

한편 정병욱은 학도병으로 끌려가 전선에서 부상을 당하고 고향으로 돌아와 윤동주가 옥사한 것을 알게 되고 정병욱과 동료 문인들이 서둘러 유고집을 내게 된다.

"정병욱이 고향 광양으로 내려가 어머니께 여쭙는다.

'어머니, 전에 저가 보관하라고 한 것은 어찌 되었지요.'

'그거 내가 잘 보관하고 있지'"

정병욱의 어머니는 옷장에서 비단 보자기에 싼 윤동주의 시 노트를 아들에게 건네주었다. 이 19편의 시 노트와 여기저기서 수집한 11편의 시를 합해 30편의 시를 묶어 『하늘과 바람과 별과 시』란 시집이 1948년 1월 정음사(正音社)에서 출간하게 된다.

윤동주 시인이 한국 문학사에 <별의 시인>으로 남은 것은 정병욱 교수가 아니었다면 세상에서 그 이름이 지워졌을지도 모르는 일이다.

김소월 시인이 스승 김억(金億)이 없었다면 세상에 알려지지 못했을지 모르듯이 윤동주도 좋은 시를 썼지만 정병욱이 없었다면 빛을 보지 못했을 수도 있었다.

죽어서도 끝없이 불리는…,

사후의 운을 잘 타고났다고 생각된다.

2007년 정부는 광양시 진월면 망덕리 소재의 정병욱 생가를 <윤동주 유고 보존 가옥>이란 이름으로 국가가 관리하기로 했다. 지금 그 생가엔 정병욱의 외 조카 박춘식 씨가 살고 있다.

윤동주는 이상(李箱)처럼 일본어로 쓴 시는 한 편도 보이지 않는다. 윤동주가 일본에서 쓴 시 「흰 그림자」 「흐르는 거리」 「사랑스런 추억」 「봄」 등은 윤동주가 살아있을 때 서울에 있는 친구에게 편지로 보내졌다 한다.

이 시들이 윤동주의 마지막 詩다.

윤동주가 후쿠오카 감옥에 수감될 때 갖고 있었던 상당수의 작품이 있었다고 하나 그 작품이 밝혀지지 않는 것이 아쉽다. 「쉽게 쓰여 진 시」는 1947년 2월 13일 자 《경향신문》에 발표된 유작으로 이 작품은 당시 편집국장이었던 정지용 시인의 소개 글과 함께 실렸다.

> 윤동주의 누이동생 윤혜원이 생전에 어느 언론의 인터뷰에서 한 증언을 일부만 여기 옮겨본다. 윤혜원은 호주 시드니에서 2011년 12월 13일에 87세로 돌아갔다. 윤동주의 마지막 혈육은 이렇게 끊어지고 말았다. 부군 오형범과의 사이에 2남 2녀를 두었다. 윤혜원은 생전에 독실한 기독교 신자였다.
>
> 윤동주의 「쉽게 쓰여 진 시」가 마지막 작품으로 보시나요?

'오빠의 마지막 작품이라기보다는 현재까지 전해지는 마지막 작품이라는 말이 더 정확합니다. 오빠는 그 시를 쓴 후에 바로 체포되어 후쿠오카 감옥에서 옥사할 때까지 2년 동안 감옥에 있었습니다. 비록 감옥이지만, 오빠가 2년 동안 시를 쓰지 않았을 리 만무합니다.'

오빠가 가끔 미워진다고 말씀하셨는데 특별한 이유가 있나요.?

'해준 것도 없이 나를 평생 귀찮게 하니까 그렇지-(웃음) 어쩔 수 없었지만, 너무 일찍 세상을 떠난 것도 미워요. 눈치것 일본 경찰을 피해서 좀 더 일찍 고향으로 돌아왔으면 좋았을 텐데. 그랬다면 지금까지 얼마나 좋은 시를 썼겠습니까?'

오빠의 팬들에게 한 말씀 부탁합니다.

'정말 감사한 마음입니다.

그걸 어떻게 말로 다 표현할 수 있겠습니까. 오빠도 자신의 시를 사랑하는 모든 분들에게 고마워하고 있을 겁니다.

고단한 삶을 위로받았으면 좋겠습니다.

특히 오빠의 동시를 많이 사랑해 주시면 고맙겠습니다.'

하늘을 우러러 부끄러움이 없기를 바랐고 잎새에 이는 바람에 괴로워했으며 죽어가는 것을 사랑했던 윤동주, 희망과 용기로 현실의 괴로움을 돌파하려 했던 강한 정신이 그의 시에 내재해 있다고 여겨진다. 고독과의 투쟁, 현실을 초월하려 했던 의지, 밤별을 헤면서 삶의 지향점을 별에서 찾으려고 했던 추억과 사랑과 쓸쓸함과 동경과 어머니가 기다리던 북간도를 살아서 돌아가지 못하고 영혼만으로 돌아간 윤동주의 무덤엔 봄이 되면 파란 잔디가 자랑처럼 무성할 것이다.

윤동주의 그 어느 시에도 제국 일본을 타도하고 무찔러야 한다는 강변의 시구는 보이지 않는다. 그것이 윤동주의 강한 무기다. 윤동주의 시는 비폭력 무저항주의의 전범인 것처럼 보인다.

여기 정병욱이 윤동주를 그리워하며 쓴 글의 일부를 올린다.

'동주(東柱) 형이 악착스런 원수의 형벌에 못 견디어, 차디찬 돌마루 바닥에서 차마 감기우지 않는 눈을 감고 마지막 숨을 거둔지 벌써 10년이 되었다. 이 10년 동안 우리의 뼈를 저리게 하는 그의 시는 조국의 문학사를 고치게 하였고, 조국의 문학을 세계적인 물줄기 속으로 이끌어 넣는 데 자랑스러운 힘이 되었다.

독재와 억압의 도가니 속에서 가냘픈 육신에 의지한 항거의 정신, 아니 인간으로서의 처음이자 마지막의 권리이며 재산인 자유를 지키고자 죽음을 걸고 싸운 레지스탕스의 문학이 어찌 유럽의 지성인들에게만 허락된 특권일 수 있었으랴'-(중략)

슬프오이다.

동주(東柱)형. 형의 노래 마디마디 즐겨 외던 '새로운 아침'은 형(兄)이 그 쑥스러운 세상을 등지고 떠난 지 반년 뒤에 찾아왔고, 형의 '별'에 봄은 열 번이나 바뀌었건만,

슬픈 조국의 현실은 형의 '무덤 위에 파란 잔디가 피어' 나게 하였을 뿐 새로운 아침은 우리 다시 정답게 손목을 잡자던 친구들을 뿔뿔이 흩어버리고 말았습니다.

그러나 형의 '이름자 묻힌 언덕 위에는 자랑처럼 풀이 무성' 하였고, 형의 詩는 이 겨레의 많은 젊은이들이 입을 모아 읊는 바 詩가 되고 노래가 되었습니다.

조국과 자유를 죽음으로 지키신 형의 숭고한 정신은 겨레를

사랑하는 모든 사람들의 뼈에 깊이 사무쳤고, 조국의 자유와 문학의 이름으로 더불어 당신의 이름은 영원히 빛나리니 바라옵기는 동주 형, 길이 명복하소서. 분향(焚香).'

- 정병욱이 윤동주를 그리워하며 쓴 편지

황금찬

보릿고개

보릿고개 밑에서
아이가 울고 있다.
아이가 흘리는 눈물 속에
할머니가 울고 있다.
아버지의 눈물, 외할머니의 흐느낌
어머니 다 울고 있다.
내가 웃고 있다.
소년은 죽은 동생의 마지막
눈물을 생각한다.

에베레스트는 아세아의 산이다.
몽블랑은 유럽
아이키키는 아메리카의 컷
아프리카엔 킬리만자로가 있다.

이 산들은 거리가 멀다.
우리는 누구도 뼈를 묻지 않았다.
그런데 코리어의 보릿고개는 높다.
한없이 높아서 많은 사람이 울고 갔다.
……굶으며 넘었다.
얼마나한 사람은 죽어서 못 넘었다.

코리아의 보릿고개

안 넘을 수 없는 운명의 해발 구천 미터

소년은 풀밭에 누웠다.

하늘은 한 알의 보리 알

지금 내 앞에 아무것도 보이는 것이 없다.

이 글은 백수를 산 황금찬 시인의 생애와 일화와 시인 자신의 대담을 통해서 독자들에게 조금이나마 도움이 되었으면 한다. 논설문이 아니기 때문에 쉽게 쓰려고 했다.

1963년 「보릿고개」의 시는 《현대문학》 8월 호에 발표한 작품으로 위의 시는 한국의 광복 전후의 궁핍했던 고난의 시대를 대변해 주는 시라 할 수 있다.

마치 1845년부터 6년 동안 북아일랜드에 감자병이 전역에 퍼져 감자를 주식으로 살았던 아일랜드 사람들이 100만 명이 굶어 죽은 역사와 별로 다르지 않다고 보인다.

여기 「보릿고개」는 실재하는 산의 고개가 아니다.

하지만 그 고개 밑에서 아이와 할머니와 아버지와 외할머니와 어머니가 우는 것은 굶어 죽은 동생 때문이다. 이 현실은 오늘의 세대들이 상상하지도 못할 일이었다.

이 높은 고개 밑에서 그 고비를 견디지 못하고 죽어간 사람들. 소년은 (시인 자신) 하늘이 다만 한 알의 보리 알로 보일 뿐이라고 했다. 좀 더 세밀하게 얘기한다면 이 춘궁(春窮)기는 쌀독의 보리쌀이 바닥을 드러내고 하루 한 끼 먹기도 어려운 시기였다.

보리밭의 보리는 피었지만 여물기까지는 한 달을 더 기다려야 한다. 그래서 여물지 않은 풋보리를 가마솥에 넣어 불을 때 볶는다. 그것으로 보리죽을 끓여 한 끼를 연명하며 살아남은 자들이 4, 5십 년대 우리 조상들이다. 이런 얘기를 우리 어린이들은 그저 전설 정도의 이야기로 들릴 것이다. 오늘의 아이들은 다 먹을 수도 없는 생일케이크를 안겨도 별로 좋은 기색이 없다. 햄버거, 피자, 등도 별로다. 쌀밥도 먹지 않는다. 아이들이 점점 무서워졌다.

황금찬 시인은 강원도 속초에서 1918년 8월 10일 태어났다. 그의 파란만장한 생애는 일제의 압정에 궁핍을 면해보려고 살길을 찾아 아버지는 북간도를 가기로 했다. 북간도로 가던 중에 너무 지쳐 함경북도 성진에 이삿짐을 풀었다. 당시 황금찬의 나이 8세였다. 성진에서 그의 형이 먼저 성결교회에 나갔는데, 농사꾼인 아버지가 '예수가 그렇게 좋으면 우리 다 함께 믿자.'고 해 온 가족이 성진제일교회를 나가게 되었다고 한다.

또 황금찬은 어머니께 콩죽 좀 안 먹어봤으면 좋겠다고 하자 어머니는 콩죽이라도 많이 먹을 수만 있으면 좋겠다고 하며 울었다고 한다.

　이 일화는 후에 서울 종로구 돈화문로 초동교회 평신도로 지낸 황금찬 시인이 55년 동안 몸담아 있었던 이 교회 설립자 조향목 목사(1920~2010)의 이야기에서 빌려온 것으로 초동교회 맨 뒤에 황금찬 시인의 지정 좌석이 따로 있었다고 한다.

　황금찬 시인은 1943년 일본 동경에서 이광수, 유진오, 박영희 등을 만났다. 그들로부터 문학의 길이 쉬운 길이 아님을 다시 한번 실감했다고 한다. 특히 이광수 선생과 여러 차례 만난 자리에서 그분은 내가 묻는 말에 다음과 같이 대답했다.

　'우리가 말과 글을 다 빼앗기고 말았다 해도 문학은 해야 됩니다. 결국 그 사람은 역시 민족으로 남을 것입니다. 이 시대가 어렵다 해도 열심히 공부하여 우리나라 사람이 이런 글을 썼다고 남겨놓아야 합니다.'

　나는 그분의 그 말을 지금도 잊지 못하고 있다. 일본에서 돌아온 그는 강릉에서 문학 수업을 본격적으로 시작했다. 여기 모 계간 문예지(2008년 여름호) 대담 중 일부를 소개한다.

저는 기본적으로 '시'란 그 시인의 양심의 소리라고 생각해요. 그 같은 연유로 패러디(재창조)는 절대적으로 배격할뿐더러 누가 뭐라고 해도 이 점에 있어서는 용서하거나 양보할 수 없다고 생각해요.

시인에게는 시의 독자성이 반드시 주어져야 하지요. 그래서 기독교 문학에 있어서도 의구심을 가지게 되는데, 그것은 시적 분위기 조성에 의한 참 신앙, 진실 된 삶의 표현이 중요하지요

─(중략)

특히 문학과 인생은 무겁고 어려운 주제임은 틀림없지만, 생산적인 비평 정신에 근거하여 예술의 생명은 본질적으로 선과 미의 추구, 인간에게 행복과 절대 자유를 안겨줄 수 있기에, 사견이기도 하지만 노벨문학상의 수상자 선정도 작가 인성의 본원, 그 뿌리가 어디에 근거하고 있는가? 를 중시해야 한다는 생각이 듭니다.

좋은 작품이란 시도 마찬가지지만, 역사적으로 문학의 가치와 예술성이 바르게 평가되어야 인간의 가슴 속에 오래 남는 고전 작품이 될 것입니다.

─(중략)

사실 제 기억에는 1952~3년 한국전쟁 당시 지역의 문학 지망생들과 '강릉극장' '강릉중앙감리교회'서 시 낭송의 텃밭이라

할 수 있는 문학제인 문학의 밤을 개최한 일들이 뒷날 30여 년 남짓 '보리수 시낭송회' 일을 하는 데 큰 힘이 되어준 것 같아요. 그리고 또 하나 기억하건대 2004년에 나의 고향인 강원도 양양군 낙산도립공원 관광안내소 앞 잔디공원에서 중요한 행사가 열렸지요. 그건 다름 아니고 시 계간 전문지《시인 정신》양재일 주간(대표 강옥현)이 모금 운동을 벌려 세운 나의 시비에는 「별과 물고기」가 각인되어 있지요. 전국에 나의 많은 시비가 세워졌지만 이 시비를 가장 사랑하지요. 2004년 5월 14일 기사를 참고로 위의 시비 제막에 대한 글을 여기 올린다.

-서울 연합뉴스 정천기 기자

밤에 눈을 뜬다.
그리고 호수 위에
내려앉는다.

물고기들이
입을 열고
별을 주워 먹는다.

너는 신기한 구슬
고기 배를 뚫고 나와

그 자리에 떠 있다.

별을 먹는 고기들은
영광에 취하여
구름을 보고 있다.

별이 뜨는 밤이면
밤마다 같은 자리에
내려앉는다.

밤마다 고기는 별을 주워 먹고
별은 고기 배 속에 있지 않고
먼 하늘에 떠 있다.

-황금찬의 시 「별과 물고기」

　원로시인 황금찬(黃錦燦.86) 씨의 시비 제막식이 15일 오후 2시 시인의 고향인 강원도 양양군 낙산도립공원 관광안내소 앞 잔디공원에서 열린다.
　시 전문계간지 《시인 정신》의 대표 강옥현이 모금 운동 등을 펼쳐 세운 시비는 길이 3m, 높이 1.2m 크기의 자연석으로 만들어졌다.

이 시비에는 "밤에 눈을 뜬다/ 그리고 호수 위에/ 내려앉는다// 물고기들이/ 입을 열고/ 별을 주워 먹는다"로 시작되는 황 시인의 시 「별과 물고기」가 새겨진다.

시비를 세우기 위해 모금운동을 주도했던 양재일 시인은 '4년 전 작고했던 미당 선생의 빈소에 갔다가 이틀간은 조문객들로 붐비더니 사흘째부터 3~4명만이 앉아있는 썰렁한 분위기를 보고 충격을 받았다'면서 '사후에 훈장을 받는 것보다 생전에 시비라도 보고 가는 게 낫겠다는 생각이 들어 원로시인 가운데 한 사람인 황금찬 선생의 시비를 세우기로 했다'고 말했다. 이날 제막식에는 황금찬 시인의 제자인 극작가 신봉승, 시인 엄창섭(관동대 대학원장), 시인 김지향(한세대 교수) 씨 등이 참석할 예정이다.

황금찬 시인은 기독교 정신과 향토적 정신에 기반을 둔 서정시를 썼다. 그의 시는 수사와 기교와 상상의 날개를 달고 허공을 유영하는 시가 아니었다. 따라서 난해하고 모호한 시를 배격했다. 연민과 사랑과 진실을 바탕에 깔고 혼이 살아있는 시에 집착했다.

그는 수필에서 나는 나를 잘 알고 있다. 나는 아무 재주도 없다. 할 수 있는 것은 노동과 시 쓰는 일뿐이다. 내가 시를 쓰지 않았다면 노동일을 했을 것이다. 다시 태어나도 시인이 될 것이다. 이렇게 진술했다.

그는 역사 인식이 가미된 생활 철학을 토대로 현대를 살아가는 사람들의 모습을 시로 표현한 그는 생전에 39권의 시집을 냈다. 언젠가 황금찬 시인과 나누었던 이야기 하나를 올린다.

> 불란서를 여행하는 중에 공항에서 시간에 쫓기어 한국으로 돌아오는 비행기 표를 사려고 했으나 시간은 촉박한데, 줄을 선 사람들이 너무 많아 줄 끝에서 발만 동동거렸다 한다. 이 모습을 보고 외국인들이 왜 그러냐고 묻기에 한국에서 온 시인이라며 자초지종 이야기를 했더니 그 많은 외국인들이 모두 양보해 주어 표를 살 수 있었다는 얘기를 들었다. 불란서 사람들이 시인을 그렇게 존경하는 줄은 미처 몰랐다고 했다.

황금찬은 1953년에 《문예》에 「경주를 지나며」가 1회 추천을 받았다. 그 후《문예》가 폐간되어《현대문학》에 2회와 3회 박목월과 박두진 시인의 추천을 받아 등단했다.

1952년 황금찬은 강릉사범교사로 근무할 때 최인희 김유진 한혜련 등과 함께 문학의 꽃을 피우며 《청포도》 동인지를 발간했다.

황금찬은 청포도 동인지의 문학적 경향과 관련해 '굳이 문학적 경향이라면 책 이름 그대로 청포도 정서라 하는 게 옳다'고 했다.

황금찬은 대한민국예술상. 대한민국문화예술상. 보관문화훈장. 기독교문학상. 월탄문학상. 시문학상을 수행했으며 해변시인학교 교장을 지냈으며 1978년~1980년 중앙신학대학교 기독교 문학과 교수. 동성고등학교 교사. 강릉농업고등학교. 강릉사범학교 교사등을 역임했다. 2015년에 황금찬 문학상이 제정되었다.

2009년 장남인 황도제 시인이 먼저 세상을 떠났다.

황도제 시인과 나는 같은 '응시(凝視)' 동인으로 가깝게 지냈다. 그는 문학 행사장에서 진행을 도맡아 재치 있는 화법으로 사회를 진행해 문단에 널리 알려졌었다.

1994년 황도제는 아버지와 함께 펴낸 사화집 『구름 호수 소녀』에서 아버지의 시 세계를 다음과 같이 썼다.

> '꽃은 시를 먹어 땅에서 향기롭고, 별은 시를 먹어 하늘에서 반짝이며 사랑은 시를 먹어 인간에게 충만합니다. 보아서 즐겁고 들어서 기쁜 시의 넘침. 시는 아버지와 저의 전부이기에 시를 심으리라. 살아온 세월의 백 년-(중략)
> 아버지의 살 한 점으로 닮은 모습을 하고, 아버지의 시 뜻으로 시 옷을 입고 걸어 걸어가니 아버지의 등 뒤였다. 이렇게 그대에 걸친 시의 줄기는 촉촉이 땅을 적시고 따뜻한 이웃과 더불어 아파하며 흐르고 있습니다.'

이처럼 황도제는 아버지와의 관계를 살 한 점까지 닮은 모습으로 다가가는 황도제는 명문고교 교사직을 그만두고 수입이 더 좋다는 학원 강사로 나가서 몸을 생각지 않고 혹사했다. 무리하게 주야 근무를 한 게 건강을 망치게 했다.

그의 장례식에서 미망인은 그이는 애처가였다고 말했다.

황도제는 결국 아버지를 두고 먼저 갔으니 불효로 남는다.

2017년 5월 16일 서울 중구 '문학의 집'에서 문인들이 모여 황금찬 시인의 백수연을 열기도 했다. 이날 백수연에는 김종길(작고) 김남조 김후란 허영자 성춘복 이근배 신달자 등 많은 문인이 황금찬 시인이 없는 곳에서 축하했다. 그는 어느 수필에서 다음과 같이 말했다.

'사람에게 가장 괴로운 것은 굶는 것이고 가장 슬픈 일이 사랑하는 사람을 잃은 것이다. 그리고 또 다른 괴로움은 건강을 잃는 것이다. 사람이 한평생을 살면서 이 세 가지를 맛보지 않으면 그는 우선 행복한 사람이다. 그러나 굶는 일은 일시적인 일일 수 있고 앓는 것도 나을 수 있다. 그러나 사랑하는 사람과 사별하는 것은 그 슬픔을 형용할 수 없다.'

이 말은 사랑하는 딸과 아내를 보내고 나서 한 이야기로 1974년 2월 이화여대 졸업을 앞둔 딸이 세상을 떠났을 때 쓴 시가 「너의 창문에 불이 꺼지고」다.

너의 창문에 불이 꺼지고/ 밤하늘의 별빛만/ 네 눈빛처럼 박혀 있구나-(중략)   다 잠든 밤/ 내 홀로 네 창 앞에 서서/ 네 이름을 불러본다/ 애리야 애리야 하고…,
- 「너의 창문에 불이 꺼지고」 중에서

아내는 딸이 간 후 2년 뒤 1976년 이른 봄에 떠났다. 황금찬 시인은 긴 세월을 낡은 연립주택에서 홀로 아들과 함께 살았다. 「너의 창문에 불이 꺼지고」의 시는 제자였던 신봉승에 의해 영화로 상영되었다.

황금찬은 2017년 4월 8일 4시 40분 횡성 자택에서 작고했다. 11일 거행된 장례는 대한민국 문학인장으로 서울성모병원에서 치러졌으며 기독교 추모 예배에 이어 문인들이 고인을 추모하는 순서. 이애진 시인의 사회로 성춘복 시인의 조사, 최규창 홍금자의 조시, 고인의 생전 영상 상영, 성춘복의 '영원한 이별 앞에 선 지금, 어디선가 그 특유의 정겨운 목소리가 들려올 것만 같은데, 다시는 볼 수 없는 곳으로 우리가 보내야 한다니 비통하기 짝이 없습니다. 비록 세상의 연수로 백수를 누렸다 한들 우리들의 아쉬운 마음이야 끝이 없습니다.' 라고 추모했다.

구상

적군 묘지 앞에서

오호, 여기 줄지어 누워있는 넋들은
눈도 감지 못하겠구나.
어제까지 너희의 목숨을 겨눠
방아쇠를 당기던 우리의 그 손으로
썩어 문드러진 살덩이와 뼈를 추려
그래도 양지바른 두메를 골라
고이 묻어 떼까지 입혔거니.
죽음은 이렇듯 미움보다도, 사랑보다도
더 너그러운 것이로다.

이곳서 나와 너희의 넋들이
돌아가야 할 고향 땅은 삼십 리(里)는
가로막히고
무주공산의 적막만이
천만 근 나의 가슴을 억누르는데.

살아서는 너희와 나와
미움으로 맺혔건만,
이제는 오히려 너희의
풀지 못한 원한이
나의 바램 속에 깃들어 있도다.

손에 닿을 듯한 봄 하늘에
구름은 무심히도 북으로 흘러가고.
어디서 울려오는 포성 몇 발
나는 그만 이 은원(恩怨)의 무덤 앞에
목놓아버린다.

이 글은 구상 시인의 생애와 일화에 얽힌 이야기를 쓰려고 한다. 동족상잔의 비극을 겪은 지 70년이 지났다. 강산이 그렇게 변한 것이다. 이제 6·25를 겪은 국민은 20%도 되지 않는다고 한다.

　「적군 묘지 앞에서」의 시는 구상 시인의 전쟁 체험의 기록 중 하나라 할 수 있으며 1950년대 동족상잔의 비극을 시로 쓴 것이다. 적이라고는 하지만 같은 혈족이고 형제들이었기에 적군의 시체를 거두어 양지바른 곳을 찾아 묻어주고 떼까지 입혀준 것은 그 병사에게 원한이 없기 때문일 것이다.

　이 시의 주인공은 죽은 적군의 시신을 거두어 무덤을 만들어주는 자애를 베풀어준다. 비록 적군이지만 이들 죽음 중에는 모르기는 하지만, 북에 두고 온 친척이거나 이웃에 살던 지인들일 수도 있을 것이다.

　그래서 죽음은 미움보다도 사랑보다도 더 너그러운 것이라고 했던가. 살아서는 서로 적이 되어 총을 겨누었지만, 이젠 그 원한이 도리어 나의 바람 속에 깃들어있다는 진술은 동족이란 혈육이었기 때문일 것이다.

이 주인공은 포성을 들으면서 적군의 무덤 앞에서 분개하는 게 아니라 목 놓아 우는 것이다. 그 죽음을 미워할 수 없었기 때문이다. 무덤을 만들어주는 행위는 사랑보다도 더 너그럽다고 했다. 돌아가야 할 고향이 가로막힌 곳에서 죽음은 무주공산이 되었고, 적막은 천만 근 가슴을 억누르게 된다. 어디서 포성이 들려오는 전선. 살아서 돌아가지 못한 적군은 자애로운 시인들을 만나 봉분 하나를 남기게 되었다.

이 시의 전체를 감싸는 비애는 다시 이런 전쟁을 맞아서는 안 된다는 교훈을 안겨준다. 휴전상태란 현실이 더욱 더 그러하다. 너무 오래되어 무감각해지고 상실해버린 역사를 깨우쳐주는 시다.

좀 다른 얘기지만 화천의 백암산에 가면 '비목 공원'이 조성 되어있다. 1964년 서울대학 국악과의 한명희란 대학생이 입대해 ROTC 장교가 됐는데, 한명희는 화천의 백암산 전방부대로 배속되어 소대장으로 근무를 했다고 한다.

가을 단풍이 지는 비무장지대를 순찰하다가 잡초 속에 돌무덤을 발견했다고 한다. 거기에 꽂혀있는 십자가 나무 팻말을 보고 한명희 소위는 6·25동란으로 자기와 같은 나이의 죽어간 무명 전우를 생각하며 북받쳐 오르는 감정을 억제할 길 없어 수첩에 나름대로 시(詩)를 썼다는 것이다. 서투른 시를 수정하고 또 수정했다고 한다.

한명희는 전방 근무를 마치고 제대를 한 후에 TBC 라디오 방송국에서 가곡을 들려주는 프로그램을 맡았다. 하지만 늘 전방에서 보았던 돌무덤을 잊을 수 없었다고 했다. 우연히 작곡가 장일남을 만나 한명희는 「비목」이란 시를 건네게 되었는데, 장일남이 그 시가 마음에 들어 작곡하게 되었는데 그게 바로 유명한 가곡 「비목」이 되었다고 한다. 이 가곡은 한국가곡 40곡 중에서 4위에 올라있다.

휴전선 비무장지대에 무명 용사들의 무덤이 얼마나 많았겠는가. 한명희의 「비목」이나 구상 시인의 「적군 묘지 앞에서」나 우리에게 안겨주는 비애는 같다고 보인다.

구상 시인은 동란 때 공군종군작가로 참전했으며 종군작가단의 부단장을 지냈다. 종군작가들은 전선을 찾아다니며 문학강연, 음악의 밤, 군가 작사 작곡 등 전선시찰에서 얻은 체험을 소재로 애국심을 고취하는 작품을 쓰고 발표했다. 오늘 우리 젊은 세대들이 경험하지 못했던 참상을 구상 시인은 우리에게 제시해 준다. 1949년 초에는《연합신문》의 문화부장을 지냈다.

구상 시인은 국방부 기관지《승리일보》를 창간했으며 1952년《승리일보》가 폐간되자《영남일보》주필 및 편집국장을 지냈으며, 1959년 이른바 '레이더 사건'을 겪었는데 '레이더 사건'은 이렇다.

구상이《영남일보》주필로 있을 때 『민주고발』이란 책을 발간했다. 이 책이 발간되어 자유당 말기 국가보안법 파동 때 민권수호총연맹 간부를 맡았던 구상은 현실 부정에 저항했고 조작된 '레이더 사건'으로 구속되어 15년 형을 구형받았다. 구상은 최후 진술에서 '조국에 모반한 죄를 쓰고 유기형수가 되느니보다 사형이 아니면 무죄를 달라.'고 진술해 무죄로 풀려났지만 6개월의 옥중 생활은 구상의 인생을 바꿔놓았다. 이 사건 후에는 일체의 사회적인 직책을 맡지 않았다.

구상은 「초토의 시」를 발표해 문단에 주목을 받았다. 그가 겪었던 전쟁의 참상을 시로 기록한 것이다.

구상의 본명은 구상준(具常浚)이다. 1919년 서울의 이화동에서 태어났으며 구상의 아버지가 50세, 어머니가 44세일 때 어머니가 구상을 잉태할 무렵 사슴이 와서 어머니의 무릎 언저리를 꼭 물어주는 태몽을 꾸었다고 한다. 구상이 서울에서 태어났으나 원산으로 가게 된 것은 구상이 4살 때 수도원의 교육 사업을 위촉받은 아버지 구종진을 따라 원산으로 가게 된 것이다.

구상은 여름이면 '명사십리'에서 시심(詩心)을 키우며 자랐다. 가톨릭 집안이었던 구상은 1941년 일본 대학교 종교학과를 졸업하고 귀국해 8·15광복을 원산에서 맞았다.

광복을 맞은 다음 해 1946년에 원산의 작가 동맹에서 펴낸 문예지《응향(凝香)》이 있었다. 이 잡지에 시를 발표한 사람은 강홍운, 구상, 서창훈, 이종민 노양근 등이었으며 화가 이중섭은 표지화와 장정을 맡았다. 구상이 발표한 시는 「길」「여명도」「밤」 등이었는데 「길」이란 시가 문제가 되었다. 이것을 문단에서는 '응향 사건'으로 부른다.

'…노정(路程)이 강가에 이르면 / 나는 안개를 생식하는 짐승이 된다.'는 이 시구(詩句)가 문제가 되었다. 사람이 밥을 먹고 살지 안개를 먹고 산다는 것은 퇴폐적이고 허무주의적이며 노동자

농민을 배반하는 반동적 문학이란 낙인이 찍혔다. 또한 착취계급에 대한 향수를 표현한 것이며 용납할 수 없는 반동행위란 것이다.

이때 <응향>에 작품을 실은 다른 시인들도 비판을 받게 되었는데 북조선 문학예술 동맹으로부터 반동 시인으로 몰렸다. 중앙당에서 간부가 원산으로 내려와 한 사람씩 비판대에 올라 자기비판을 받았는데, 구상이 다음 차례였다고 한다. 이때 구상은 화장실에 간다고 나와서 그길로 탈출해 38선을 넘어 월남했다는 일화는 유명하다.

이 <응향> 사건이 남한에도 알려져 당시 김동리, 서정주, 조연현, 곽종원 등 우익 문인들이 반론을 발표하기도 했다. 구상의 시는 산문시, 자연시, 선시(禪詩) 등으로 나눈다.

구상의 시는 존재와 현실에 대한 깊은 인식의 세계를 보여주는 가톨릭의 종교적 색채를 띤 시. 인간의 존재와 우주의 의미를 탐구한 시로 평가받아왔다. 시집『초토(焦土)』의 시는 1956년 청구문화사에서 간행했다.

이 시집에는『초토(焦土)』의 시 연작 15편이 수록되어있으며 전쟁을 체험한 것을 시로 형상화했으며, 전쟁의 고통을 초극하고 구원의 세계에 도달하려는 염원이 잘 표현되어 있다.

또한 그의 시는 한국 건국 신화와 전통문화, 자연탐구 내지는 선 불교적 명상과 노자 사상까지 포용하여 그의 사상과 철학은 기독교적 박애와 구원의식에 닿아있다는 평을 받았다.

그는 생성과 소멸이 잘 드러나지 않는 강물을 소재로 연작시를 쓰기도 했으며 그 연작시는 일본식 발음대로 '그리스토폴의 강'이란 명칭을 붙이고 여의도 아파트에서 아침저녁으로 맞이하는 강을 바라보며 시심을 가다듬으며 종교사상의 폭넓은 관점에서 사물을 응시하고 우수에 대한 이해를 추구한 구도자로 평가했다.

동서양의 철학이나 종교에 조예가 깊었던 구상은 형이상학적 인식에 기반을 둔 자기만의 세계를 이룩했다. 필화사건을 입고 옥고를 치르면서까지 지조를 굽히지 않았으며 여타의 것에 탐하지 않고 시인의 자리만 지켰다.

1994년 6월 11일에 송기한 평론가와의 대담에서 구상 시인이 밝힌 중요한 진술을 추려보았다. 구상 시인의 인생관 내지는 시(詩)에 대한 생각을 가늠할 수 있을 것이다.

"저는 시를 쓰면서 항상 죄에 빠지지 않기 위해 노력했다고나 할까요. 다시 말하면 저의 시작(詩作)에 있어서 표상 자체의 등가량(等價量)의 진실이 없으면 안 된다는 것이지요. 그래서 진실을 강조해온 것이지요. 사람이라고 해서 전략적 가치에 의해서 시를 쓰는 건 아닙니다. 6·25를 생각할 때 다른 사람들은 인명 피해 재산 피해를 말했으나 '양갈보' 같은 시처럼 저는 이 같은 현실에서 무엇이 지금 우리에게 사라지고 있는가. 어떤 것이 가장 절실한 문제인가를 생각했지요. 저의 6. 25는 현실 속에서 전통적 윤리가 붕괴하는 것이 안타까워 시에서 현실반영을 생각한 것이지요. 목적을 위해서 시를 써서는 안 되는 것처럼 저의 시는 몸소 체험한 것을 고민하고 숙고해서 얻은 것을 시로 썼지요. 무엇보다 시를 쓰는 일을 명리를 추구하는 일로 생각해서는 큰일이란 것입니다. 문학 하겠다는 사람들이 너무 공부를 안 해요. 쓴다는 것은 자동사지만 정신적 양식이란 것은 쓴다는 것에 종합비타민의 역할을 한다고 볼 수 있습니다. 그만큼 편협한 지식으로는 안 됩니다. 인문학 전체에 대한 지식이 있어야 합니다. 문학 하는 사람은 우선 고전을 비롯한 책을 많이 읽어야 합니다…,"

구상은 박정희 대통령 시절에 이용문(李龍文) 장군의 소개로

박정희 대통령과 절친한 사이가 되었다. 심지어 박 대통령을 '박
첨지'라고 부를 정도로 친분이 두터웠다고 한다.

아무리 박 대통령이 간청해도 '나는 수염 기르는 야인(野人)'
이라며 정치에는 참여하지 않았다. 한때 유정회 전국구 국회의
원으로 내정되었다는 사실을 알고 그날로 일본행 비행기에 올랐
다고 한다.

또 지병인 폐 수술을 받고 장기 입원 후 퇴원할 때 입원비를
계산하려 하니 주일 대사관에서 이미 지불했다고 한다. 후에 알
고 보니 박정희 대통령의 지시에 의한 것이었다. 구상이 인사차
박 대통령을 만나니 '당신 참 고약한 사람이야' 하면서 어깨를
툭 쳤다고 한다.

구상은 결핵으로 아들이 먼저 저세상으로 가자 그 외로움을
달래기 위해 감옥의 사형수를 호적에 올려 아들로 삼았다. 실로
문학과 인간성이 일치하는 시인이었다. 그뿐만 아니라 장애인을
사랑했으며, 2억 원을 내어 장애인을 위한 《솟대문학》을 창간하여
장애인의 정서 생활에 힘을 쏟았다.

구상의 고명딸 구자명(具滋明)이 초등학교 2년 시절, 부인 서
영옥 여사는 일본 동경 결핵 전문병원에 입원해 있는 남편에게

딸이 그린 초상화를 생일 선물로 보내기 위해 딸에게 그림을 그리게 했는데, 아버지와 곁에서 오래 지내지 못한 관계로 아버지 얼굴 그리기가 쉽지 않았다. 대구의 문인들과 같이 찍은 사진을 보고 그렸으나 그것조차도 쉽지 않았다고 한다. 마침 추석날이 가까워 보름달을 크레용으로 그려 색칠해 일본으로 부쳤다.

그걸 본 아버지가 기뻐하며 같은 병동 환자와 간호사에게 보이며 딸을 자랑했다고 한다. 구상은 평생 병을 안고 지냈다. 한쪽 폐를 잘라내고 하나의 폐로 살았다.

1974년 2월 일본의 문학 행사장에 참가했던 한국 문인들이 그곳 재일동포 잡지사의 발행인과 식사를 같이 했는데, 졸지에 간첩으로 몰리는 사건이 있었는데 이게 '문인 간첩단 사건'으로 법정에서 무죄를 말해줄 증인이 없었다. 그때 구상 시인이 나타나서 증인대에 올라 변론을 해 후배 문인들이 놀라고 감격했다 하는 데 이때부터 구상 시인을 일컬어 '구도자의 미학을 실천한 시인' 이라고 했다.

구상은 출생지가 서울이지만 칠곡에서 20년을 살았고 천주교 신자인 구상은 우리나라 천주교 대구교구 소속지인 왜관에 수도원을 설립한 후 왜관 설베네딕도 대수도원이 생기고부터 구상은 왜관수도원 이웃으로 이사하게 되었으며 왜관을 본적지로 삼았다.

구상은 왜관에서 「밭 일기」「그리스도 폴의 강」을 썼으며 구상 문학관은 2,000년 칠곡군이 구상의 옛 집터와 집을 구상 시인으로부터 사들여 군 예산과 국고보조로 건축되었다. 현재 칠곡군에서 관리하고 있다.

구상과 친했던 이중섭(李仲燮)(1916~1956)은 평남 평원이 출생지다. 전자에 말했지만 《응향》잡지의 표지화를 그렸다. 또 김소월 시인이 다녔던 오산학교에 들어가 미술교사인 임용연(任用璉)의 지도를 받아 미술가의 꿈을 키웠다.

6·25 때 원산에서 월남했으며 일본인 여인과 결혼했다.

이중섭은 제주도를 거쳐 부산에 도착했으나 생활이 어려워 아내와 자식을 일본 처가로 보냈다. 부두 노동을 하면서 생활고에 시달리며 일본으로 보낸 아내와 자식 때문에 정신분열증과 간염으로 사망했다.

구상의 딸 구자명은 미국 하와이 주립대학 심리학과를 졸업했다. 1997년 《작가세계》에 단편소설 「뿔」로 등단한 소설가다. 아버지의 모습을 구자명은 다음과 같이 말했다.

> "…성장하면서 알아가게 된 아버지는 전혀 다른 모습의 사람이었다. 평생 병고에 시달리면서도 한 번도 심심한 틈 따윈 없어 보이게 몹시도 꽉 찬 삶을 영위하는 분이었다. 문학에의 피 말리는 전진으로, 수많은 지인들에 대한 끊임없는 배려와 보살핌으로, 우주 만물의 섭리를 주관하시는 그 어떤 절대자에게 바치는 나날의 진지한 기도 등으로 아버지의 실존은 그 곡절 많은 개인사와는 별개로 한군데 버릴 구석이 없이 보름달처럼 충만해 보였다.」라고, 딸 구자명 씨는 아버지를 평했다."

프랑스 문인들이 선정한 세계 200인 시인에 구상이 올랐으며, 한국 문단에서 최초로 노벨상 후보에 두 번이나 올랐었다. 그러나 구상은 어느 누구에게도 그 사실을 자랑하고 내색을 하지 않았던 인간성은 존경의 대상이 되었다.

세인들은 구상을 시인이라기보다는 성자(聖者)라고 불렀다.

옛날로 치면 대인군자(大人君子)라 했다. 김종삼 시인은 구상을 '서울의 예수'라고 말했다. 박정희 전 대통령이 10. 26 사태로 돌아가자 망자를 위해서 5년 동안 제례 미사를 올렸다는 얘기는 유명하다.

구상은 나이와 신분과 신앙의 차이를 가리지 않고 여러 기인 (奇人)들과 어울려 지냈다. 이중섭, 공초 오상순, 천상병, 어린이 헌장을 지은 마해송, 윤석중, 걸레시인 중광 등과 교류하며 지냈다.

1970년 미국하와이대 조교수를 역임하고, 1976년부터 중앙대학 문예창작과에서 시론을 강의했으며 1979년 대한민국예술원회원이 되었다. 구상 시인은 군인도 아니면서 민간인으로서 정부에서 무공훈장을 받은 시인이다.

구상 시인에겐 낙동강이 흐르는 왜관이 노년에 안주했던 시심의 고향이다. 관수재는 아내와 자식들이 정을 나누었던 장소로 왜관은 아내에게 큰 은혜를 받은 곳이기도 하다. 폐결핵에 시달리던 구상의 목숨을 살려준 사람이 아내였다.

1994년에 세상을 떠난 아내 서영옥 여사가 아니었다면 구상은 일찍 돌아갔을지 모른다. 의사(醫師)였던 아내는 결혼 초부터 폐를 앓았던 구상을 구해준 은인이었고 관수재는 부인의 사랑과 시심을 유지했던 은신처였다. 부부의 인연과 노후의 사랑이 어려 있던 곳이다.

구상은 2004년 5월 11일에 폐 질환이 악화되고 교통사고 후유증으로 아내와 두 아들이 먼저 간 하늘나라로 떠났다.

한국문협 칠곡지부는 매년 10월에 구상문학관 관수재에서 문학 행사가 열린다. 구상문학 공모전과 시낭송, 시노래 공연합창, 문학 토론, 시집 무료 나눠주기 등 다채로운 행사로 구상 시인을 기린다.

상(賞)에 대하여

상(賞)이란 한자를 자세히 보면 사람의 머리에 얹어놓은 관(冠)을 말한다. 그래서 옛적에 선인들이 과거에 급제하면 돈을 주는 게 아니라 임금이 머리에 관을 씌우고 황포 옷을 입혀주었는데 그 옷을 앵삼(鶯衫)이라 했다. 그 앵삼이 지금은 단국대학 박물관에 있다.

임금님으로부터 찬란한 의관을 하사받고 말에 올라타서 고향으로 돌아오는 것을 금의환향(錦衣還鄕)이라고 했으며 이런 당사자가 되어 가문을 빛내려고 상투에 끈을 매어 천정에 달고 잠이 오면 잠을 쫓아내며 글을 익혀 그 찬란한 의관(衣冠)을 입어보려고 했다. 상(賞)이란 돈을 주는 게 아니었다.

동양에서뿐 만이 아니라 서양에서도 관을 얹어주었다. 고대 그리스 아테네에서 축제가 열릴 때 마라톤 선수가 일등으로 들어오면 돈은 한 푼 없고 머리에 관을 얹어주었는데 그것이 월계관이다. 월계관을 머리에 얹는 것을 가장 영광스럽게 여겼다.

또 마라톤뿐 만 아니라 시를 가장 잘 쓰는 시인에게도 월계관을 얹어주었다. 그 관행이 영국으로 건너가 영국 왕실에서 가장 시를 잘 쓰는 시인을 선정해 월계관을 씌워주었다. 그것을 계관 시인이라 칭했다.

메이스필드, 워즈워스, 휴즈, 루이스 같은 시인들이 다 계관 시인이었다. 상금은 없고 왕실에서 포도주 한 상자를 하사했다. 그 포도주를 동료 시인들과 나눠 마시는 것을 가장 영광스럽게 생각했다. 이렇게 본다면 동양이나 서양 모두 상금은 없고 머리에 관(冠)을 얹어주는 것이 동일했다.

세월이 흘러오면서 오늘에 이르러 물질사회와 자본주의 사회가 되면서 문학상에 관을 얹어주는 제도는 없어지고, 상금을 주는 제도로 바뀌었다.

가령 김소월 시인의 문학상은 상금이 1,300만 원이고, 미당 서정주의 문학상은 상금이 3,000만 원이며, 박목월 시인과 김동리 소설가의 문학상은 상금이 7,000만 원이다. 그래서 문인들이 모이면 김소월의 머리 위에 서정주 시인이 올라 있고 서정주 시인의 머리 위에 박목월 시인이 올라가 있다는 농담들을 한다. 문학상에서 상금을 많이 주는 것을 탓하고 싶은 것은 결코 아니다.

우리가 말하고 싶은 것은 상금이 많으면 작고 시인의 위상이 높아지고 그 상을 타는 사람의 위상도 높아지는 것으로 보는 문단 인식이 못마땅하다는 것이다. 언론이 이런 그릇된 관행을 비판하고 바로잡아 주어야 하는데 오히려 부추겨 주는 것 같다. 문학상의 가치를 상금의 많고 적은 것으로 평가하는 것은 온당치 못하다. 상금이 적으면 그 문학상을 낮게 보고 상금이 많으면 그 문학상의 가치를 높게 평가하는 문단 풍토가 고쳐져야 한다고 본다.

이웃 일본에서 가장 권위 있는 문학상인 아쿠타가와상의 상금이 100만 엔이다. 우리 돈으로 환산하면 1,115만 원 정도지만 일본사람들은 이 상을 타는 것을 가장 영광스럽게 생각한다.

미국의 퓰리처상도 상금이 1만 달러다. 우리 돈으로 환산하면 1,180만 원 정도가 되겠다. 뿐만 아니고 프랑스의 가장 권위 있는 콩쿠르상의 상금이 겨우 10유로라 한다. 우리 돈으로 1만 2,000원 정도다. 하지만 그해의 최고 작품으로 인정되어 세계 여러 나라의 언어로 출판되고 그 작품이 베스트셀러가 되고 그 작가가 하루아침에 명성을 얻게 된다. 인세를 계산하면 엄청날 것이다.

오늘 우리 문단에는 300개가 넘는 문학상이 넘쳐나고 있다. 작고한 시인들의 이름을 빌려 제정된 문학상이 대부분인데 어떤 문학상은 작고한 시인의 같은 이름으로 시인의 문학상이 이 잡지 저 잡지가 경쟁하듯 제정해서 혼선을 빚게 만들기도 하고 작고 시인을 놓고 연고지가 서로 가져가려고 하기도 한다.

그런가 하면 상금은 없고 상패만 있는 문학상도 있고, 또 어떤 문학상은 상금을 내놓고 사가는 상도 있다고 한다. 이러다 보니 문학상의 권위와 가치가 땅에 떨어졌다.

오래전의 얘기지만 어느 신문사가 주는 권위 있는 문학상 심사를 맡은 A 시인이 B 시인에게 상을 주었는데, 다음 해에는 B 시인이 A 시인에게 상을 주어 문학상의 품위를 떨어지게 한

예도 있었다.

오늘날 문학상이란 의미가 이렇게 되고 말았다.

지나간 일이지만 이육사문학상을 타게 된 모 씨의 상을 반대하는 단체가 있었다. 그 이유는 심사를 맡은 모 씨가 친일비평가 팔봉비평상을 탔기 때문이다. 이런 논리라면 전두환 대통령의 당선을 축하한 시를 쓴 조병화의 편운문학상도. 전두환 퇴임을 축하한 시를 쓴 김춘수 이들의 문학상도 떳떳하지 못하고. 일본에서 대학을 다닌 정지용 윤동주 김소월 문학상, 그리고 조선총독부 건축과에 다닌 이상문학상도 다 친일에 해당하는 것이 맞지만 과거에 집착해 오늘의 사회를 혼란스럽게 하는 것은 바람직하지 못하다고 본다.

문단에서 작품 활동을 하려면 문학상을 타야 행세를 할 수 있는 세상이 되었다. 그렇지 못하면 좋은 작품을 발표하고도 인정을 받지 못하는 세상이 된 것이다. 서글픈 생각이 들 때도 있다.

가난한 고장에서 태어난 시인들은 객지에서는 더 외롭다.

학연과 지연과 혈연이 없는 시인들은 고독하게 살수 밖에 없는 게 한국의 현실이다. 하지만 빈곤한 시인은 권력에 머리 숙이고 비굴하게 살지 않는다.

시를 잘 쓰다 보면 시를 잘 쓴다고 어느 독자가 월계관(月桂冠)을 머리에 얹어주는 그런 바람직한 세상이 왔으면 좋겠다.

Jeong Ilnam

다시올 산문 038

명작에 얽힌 시인들의 일화와 생애

초판인쇄 2020년 12월 10일
초판발행 2020년 12월 20일

출판등록 | 제310-2007-00028

지은이 | 정일남
발행인 | 김영은
펴낸곳 | 다시올
편집위원 | 박병수, 나정호, 안갑선

주　소 | 서울 노원구 광운로 32, 지층1호
전　화 | 031-836-5941
팩　스 | 031-855-5941
메　일 | maxim3515@naver.com

ⓒ 정일남, 2020

ISBN 978-89-94414-95-9 03810

정가 16,000원

* 파본은 본사나 구입하신 서점에서 교환해 드립니다.